Johannes Conrad
Das kommt vom Eierlegen
Lauter Nonsens

Johannes Conrad

DAS KOMMT VOM EIERLEGEN!

Lauter Nonsens

Eulenspiegel Verlag

Mit Bildern und Vignetten des Autors

*Den Menschen macht uns
Menschen keiner nach!*

Abstattung eines Dankes

Fühlt man dem Leben ein wenig auf den Zahn und untersucht den ihm innewohnenden Humor, dann muß man sagen, daß im direkten Alltag eigentlich nirgendwo eine Pointe herumläuft, kein Grienen in den Büschen, die Wälder glotzen ernst, die Bäche murmeln traurig, der Wind winselt, der Sturm heult, wehmütig läßt die Ente ihren Schnabel hängen und quakt, mit tiefem Ernst und sturem Grunzen wühlt sich die Wildsau in die Erde; und ziehst du in die freie Natur hinaus, Freund, begegnet dir kein Witz auf der Landstraße, keine Runkelrübe scherzt mit dir, kein Misthaufen lacht dich an. Nur wenn ein Mensch daherkommt, bricht manchmal und viel zu selten ein Lächeln durch die bleichen Morgennebel, ein herzliches Gekicher, denn ohne uns Menschen wären wir auch in Beziehung Lachen ganz schön aufgeschmissen, Sportsfreunde. Wenn wir nicht existierten, könnte unser Dackel Ewigkeiten kopfstehen und mit den Beinen strampeln, der Kanarienvogel, das Rindvieh, würde seine Lippen auch nicht zum Hauch eines Lächelns kräuseln. Aber wir Menschen tun's – hoffentlich!

Ehrenerklärung

Für mich wäre der Himmel, in welchen man nach seinem Tode kommen soll, nur zu akzeptieren, wenn ich meinen tragbaren Farbfernseher dabei hätte und kaltes Dosenbier.

Aus der Zoologie

Mückenberg hat letztens einen Film über Affen gesehen. Da berichteten sie, sagt er, daß sich unter den Affenmännchen der stärkste, schönste und vermutlich auch potenteste Affe zum Leiter qualifiziert, der keinen anderen Affen mehr an die Affenweibchen heranläßt. Obwohl seine Frau während des Berichts pausenlos genickt habe, sagt Mückenberg, sei ihm dieses System so beeindruckend nun auch wieder nicht vorgekommen, weil ja letzten Endes auch immer wieder nur Affen dabei herauskämen!

Bemerkung

Wenn die heutigen Fernsehgeräte so gut wären wie die heutigen Fernsehprogramme, wären die heutigen Fernsehgeräte schlechter, als es die heutigen Fernsehgeräte sind.

Ehrliches

Am liebsten hätte man sich selber als lieben Gott, was?

Hinweis

In Zweifelsfällen ist eine auf der Wiese auf Sie zustürmende Kuh immer ein Bulle, werter Mitmensch!

Nützlicher Ratschlag für junge Künstler

Beim Theater und in der Kunst überhaupt sollte man schon darum keine Selbstkritik üben, weil einem sofort von allen Seiten her recht gegeben wird.

Selbstergründetes

Manchmal hasse ich die Kunst, Leute, ich gesteh's. Manchmal hasse ich Puccini, hasse pantomimisches Getue, Violinkonzerte von Max Bruch, hasse Arnold Schönberg, Skulpturen aus verrosteten Heizungsrohren und alten Fahrradrahmen, mit Dreiecken und Klecksen verschmierte Leinwände, geschwollene Literaturinterpretationen und nervtötendes Klaviergeklimper. Auch die dramatische Bühnenkunst, wenn sie so wichtigtuerisch einhergeschritten kommt, daß du dich auf dem zweiten Rang zerreißen möchtest vor Ödigkeit, hasse ich zuweilen. Manchmal hasse ich eben die Kunst, Brüder, habe sozusagen eine Stinkwut auf sie, weil sie so selbstherrlich tut, so verquollen und maximal, obwohl sie auch nur angeknabbertes Menschenwerk ist. Aber ich liebe sie ja auch, wie mir gerade bewußt wird! Ich hasse die Kunst nicht nur, Leute, ich liebe sie auch! Ich liebe beispielsweise unter anderem diese herrlichen alten Ufafilme mit Willy Fritsch und der wunderholden Hansi Knoteck, liebe Ludwig Ganghofers prächtiges Sammelwerk und gehaltvolle Schlagerrhythmen – na, guck mal! –, jetzt bin ich aber überrascht, Leute: So ein Banause, wie ich anfangs annahm, bin ich ja gar nicht!

Märzliche Mitteilung

Noch schweigen die Amseln,
die putzigen Säcke,
doch bald didiramseln
sie schon in der Hecke
und stehn bis zum Halse
im knallgrünen Segen
und stoßen auch, falls se
nicht gerade was legen,
mit all ihren Flöten

so mächtig ins Horn,
daß Menschen erröten
von hinten und vorn
und dastehn wie dicke
Kamele, die träumen.
Bald regnets Musike
aus sämtlichen Bäumen!

Geständnis

Wenn ich beobachte, wie sie sich manchmal im wissenschaftlichen Fernsehen eine Krankheit vornehmen und sie durchdiskutieren und ausbreiten vor mir und gar nicht mehr fertig werden können damit, dann muß ich ehrlich sagen, daß ich dann diese Krankheit lieber gleich gar nicht kriegen möchte, das haben sie dann davon.

Zoologisches

Löwen und Katzen, sagt man, verschlafen zwei Drittel ihres Lebens. W. Blattke hat auch eine Katze, und er müßte aus eigener Erfahrung sagen, sagt er, daß diese zwei Drittel nicht zutreffen, denn seine Katze verschliefe zweifelsohne vier Drittel ihres Lebens, womit er meint, sagt W. Blattke, daß seine Katze, wie es die Familie bestätigen könnte, bis jetzt schon länger geschlafen hat, als sie lebt.

Stoßseufzer

Was hat man vom Leben? Nichts! Am besten, man stirbt! Aber davon hat man erst recht nichts. Da bleibt man doch lieber leben. Da hat man wenigstens was!

Ein guter Kerl

„Letztens sitze ich in der Straßenbahn", erzählt mir Wieselt, „und da sitzt mir gegenüber ein altes Frauchen, so eine kleine, magere, weißhaarige Person, nicht wahr. Und plötzlich wird das arme Mutterle kalkweiß, fängt an zu wimmern, springt auf und stiert mit aufgerissenen Augen durch mich durch. Zu Tode erschrocken springe ich natürlich auch sofort auf und rufe: ‚Na, Mutterle, Sie werden doch nicht …!' Glücklicherweise kriegt das alte Frauchen an dieser Stelle schon wieder rote Bäckchen und setzt sich. ‚Ich dachte, ich hätte das Wasser zu Hause laufen lassen!' lispelt sie entschuldigend. Da war ich aber erlöst, Junge, und erfreut. Richtig befreit war ich!" Wieselt nickt nachdenklich. „Ein guter Kerl!" dachte ich. „Ein Kerl wie Samt und Seide!" – „Ich hatte nämlich eine blitzneue Nadelcordhose an", fügt Wieselt erklärend hinzu. „Wenn die alte Schrulle sich vielleicht darauf übergeben hätte, da wäre ich aber sauer gewesen!"

Höfliche Aufforderung

Nu hörnse doch mal!
Nu hörnse doch nur!
Ja, Sie da! – Ja, Sie
mit der Tasche!
Ich rede mit Ihnen,
nu seinse nicht stur,
Sie olle, verbiesterte
Flasche!
Nu hörnse doch zu,
ich rufs durch Berlin –
he, Sie dort, der Herr
mit dem Koppe!
Mensch, sehnse denn nicht
die Kleine vor Ihn',
die Hübsche da mit dem
Zoppe?
Die lacht, weil sie lebt!
Mensch, sehnse das nicht?
Die hopst auf zwei
dünnen Beinen
wien Reh durch das Licht,
Sie Mondgesicht!
Nu hörnse schon auf
zu weinen!

Vielleicht stellt man Sie
schon morgen wo an
als Zaubrer oder Diätkoch?
Nu lächelnse schon
Sie Weihnachtsmann!
Na, sehnse, Kollege,
es geht doch!

Bericht

Gestern auf der Personalversammlung steht Dr. Lüders plötzlich auf und lobt mich wie einst Eckermann seinen Goethe, lobt mich, daß der Himmel zu lodern beginnt und die Engel erröten, und alle, aber auch alle Kolleginnen und Kollegen starren mich neiderfüllt an: peinlich, peinlich! Bald in den Erdboden versunken bin ich. Aber wunderschön wars!

Was nützen einem eßbare Glühbirnen, wenn sie dann aus den Kronleuchtern herausgegessen werden und uns beim Lichtanknipsen fehlen?

Erkenntnis

Ich habe mir schon eine Menge Gedanken gemacht in meinem langen Leben. Herausgekommen ist aber dabei auch nur, daß ich mir schon eine Menge Gedanken gemacht habe in meinem langen Leben.

Überlegenswertes

Sicher, der Erfolg ist eine gute Sache, aber ein bißchen spielt es dabei wohl noch immer eine Rolle, ob man mit dem Antrag auf Sozialhilfe Erfolg hat oder als Filmstar oder mit Sparkasseneinbrüchen, wie?

Betrifft St. Günthermann

Als im vergangenen Jahr behauptet wurde, daß St. Günthermann, der Erfinder, den ESSBAREN GRÜNEN KANARIENVOGEL erfunden habe, wurde das von gewissen Herrschaften, vermutlich aus geschäftlichen Gründen, als Unsinn abgetan. Zudem waren Unmassen von Kanarienvogelbesitzern und grünen Kanarienvögeln beleidigt. Warum aber sollte der ESSBARE GRÜNE KANARIENVOGEL Unsinn sein? Da müssen die Kanarienvogelbesitzer und ihre grünen Kanarienvögel gar nicht so gucken! Wo sogar lebendige Heuschrecken verdrückt werden! Und Krabben, wenn sie auch nicht fliegen und singen können und nicht grün sind, habe sogar ich schon gegessen. Obwohl sie selten Kanarienvogelgröße erreichen, vor allem die gegessenen nicht. Trotzdem aber war der ESSBARE GRÜNE KANARIENVOGEL nur ein Gerücht, eine Ente sozusagen, denn St. Günthermann, der Vogelfreund, hatte natürlich nicht den ESSBAREN GRÜNEN KANARIENVOGEL erfunden, sondern die UNTERHOSE ZUM DRÜBERZIEHEN, die ÜBERHOSE also, was vielleicht noch sensationeller war, aber von den Menschen nicht ganz begriffen wurde, weil ihnen eben – stur wie der Mensch ist – immer noch der ESSBARE GRÜNE KANARIENVOGEL durch die Köpfe spukte. Aus diesem Grund hat St. Günthermann, der Erfinder, sich nun für's kommende Jahr vorgenommen, seine UNTERHOSE ZUM DRÜBERZIEHEN, die Überhose also, wenn sie ihm nicht schrumpft, wie er sagt, und nicht grün wird und keine Federn und keinen Schnabel bekommt und vor allem nicht singend wegfliegt, in einer Reihe von Selbstversuchen eßbar zu machen. Viel Glück dem tapferen Mann!

Noch eine Erkenntnis

Mancher Verräter ist nur darum kein Verräter, weil keiner etwas von ihm verraten haben will.

Mein Vetter Jean Darm

Weil ich von meinen Eltern, wenn auch mit „es" hinten, Johann genannt wurde und letztens erfuhr, daß Johann in Frankreich Jean heißt, muß ich aber nun wirklich sehr staunen, was es alles mit mir gibt, denn auch der Dichter Paul heißt mit Vornamen Jean wie auch der Dichter Jean Dl Ernst aus Österreich. Und der bekannte Komponist Nacek ebenfalls. Aber auch der französische Polizist heißt Jean, Jean Darm nämlich oder deutsch Johannes Darm. Und das berühmte Lied heißt Jean Son, nicht wahr? Und eine Glücksaussicht Jean Ce. Und eine Schmach Jean De. Und heißt nicht das liebe Bad im Elbsandsteingebirge an der Elbe Jean Dau? Und heißt nicht der gewaltige Fluß in China Jean Gtsekiang, he? Und ein türkischer Soldat heißt Jean Nitschar, jawohl!

So könnte man mit Jean fortfahren wie Sand am Meer. Nicht nur, daß dieser bekannte Schauspieler von früher Jean Nings hieß, unser erster Monat im Jahr heißt heute noch Jean Nuar. „Dieser Jean!" kann man da nur sagen. Wenn man dagegen bedenkt, daß es beispielsweise mit Made nur Made Leine, Made Gaskar, Made Moiselle, Made im Speck und Made in Germany gibt, dann möchte man auf Jean, vor allem, wenn man diesen Vornamen eigenhändig trägt, sogleich eine große Flasche Jean Pagner leeren! Glück auf!

Um alles zu sagen, genügt oft schon die Hälfte!

Aus dem dreihundertjährigen Kalender

Ein Bart macht noch keinen Mann, selbst wenn ihn eine Dame trägt!

Jubelode

Mein Gott, tu ich mich gar mächtig
auf des Frühlings Tage freun,
wenn im Bambelstrutz gar prächtig
Böllhahn und Kakiekmutz schrein,

wenns hellrosa Plöppschen niedlich
regnet aus den Wuschelbüschen
und der Kuckelmutz spielt friedlich
Pferdchen mit der Kuckelmüschen.

Mein Gott, freu ich mich auf solche
wilden, grünen Lustbarkeiten,
auf des Frühlings dicke Strolche,
wenn sie durch die Lande reiten,
gelb, rot, blau, doch auch gesprenkelt,
jung und frisch und hübsch gemacht,
wenn, vom Bache eingehenkelt,
quietschvergnügt die Wiese lacht
und die Diedel an den Dolden
nuckeln und die Sonne tanzt
und die fetten, blöden, holden
Nackeldiemchen sich den Wanst
mit dem Tau des Morgens füllen,
wenn des Schmöckhuhns Lustschrei schallt

und die Spriwadudel brüllen,
wenns in allen Nähten knallt
und in den Schwawamselbüschen
kleine, bunte Vögel hüschen,
piepsen, flöten inniglich.
Mein Gott, darauf freu ich mich!

Erzieherisches

Wiesemanns unverheiratete Tochter hat ein Töchterchen bekommen. Nun ist Wiesemann Großvater, hurra! „Keinen Abend will das Kind einschlafen!" berichtete er begeistert seinen Arbeitskollegen. „Immerzu kommt die kleine Nudel mit was Neuem an, ruft aus dem Bettchen nach uns, und weil meine Tochter abends als Kellnerin arbeitet, sind natürlich meine Frau und ich dran. Wenn wir im Kinderzimmer erscheinen, will die Kleine eine Nane, was eine Banane ist, oder eine Tulle, was eine Stulle ist, oder sie „muß ma", was heißt, daß sie mal muß, oder sie möchte eine Gohke, worunter sie eine Gewürzgurke versteht, haha, oder sie will tinken, was trinken heißt. Dauernd kommt sie mit was Neuem an, es ist zum Kaputtlachen, manchmal springen wir bis zu zwanzigmal am Abend zum Bettchen des dicken Vögelchens, meine Frau und ich!" Wiesemann nickte glücklich, aber der hartherzige Kollege Püschel warf ein: „Das ist ja eine wunderbare Erziehung!" „Au ja", erwiderte Wiesemann mit leuchtenden Augen, „sie erzieht uns wirklich wunderbar! Es ist wieder Bewegung in unsere Ehe gekommen, meine Frau sagt es auch! Wir würden ja sonst jeden Abend unbeweglich wie Säcke vor der Glotze hängen!"

Bei Zwergs zu Hause

Zwergs haben einen Sohn, den Heinzelmann, einen wahren Riesen von Zwerg. Manchmal, wenn der Junge abends noch mal schnell mit dem Zwergpinscher Gassi geht, blickt ihm Mutter Zwerg voller Liebe, aber etwas wehmütig nach und seufzt gottsjämmerlich auf. Dann trinkt Vater Zwerg einen Schluck Wurzelpeter aus dem Fingerhut und spricht tröstend: „Er wird schon noch kleiner werden, Mutter!" Aus irgendeinem verdammten Grunde aber glauben beide nicht so recht daran.

Tröstliches

Der Mops auf dem Schoner Kathrein
war fett wie der Smutje, der Hein.
Vor Darß sah der Mann
den Mops tröstend an.
„Fein", rief er, „nun laufen wir ein!"

Trauriges aus dem Humoristenleben

Schreibt einer ernste Sachen, abgründige Dramatik, kaputte Komödien, Weltschmerzliches der morbiden Art, labyrinthische Gedichte, verzweifelte Balladen, düstere Novellen, beleidigte Geschichten und spitzmündige Aphorismen voller Weltuntergangsstimmung, dann geht alle Welt behutsam mit ihm um, man grüßt ihn respektvoll, seine Kinder flüstern: „Pscht, Papa schreibt!" und gehn auf Zehenspitzen, man nickt ihm traurig zu, wenn er nervös ist, heftet behutsam und demütig Preise an seine Brust, die Autos fahren leiser an seinem Fenster vorbei, und seine Frau läßt sich sogar scheiden von ihm. Bei mir aber, der ich Humoresken schreibe und ulkige Schüttelreime wie E. Mühsam, macht keiner „Pscht!", wenn ich nervös bin, da nickt keiner verständnisvoll, wenn ich mich traurig fühle, höchstens, daß mal einer fragt: „Was hat denn die dumme Rübe schon wieder?" Sonst aber nimmt kein Mensch Rücksicht auf mich oder hat Respekt vor meiner Persönlichkeit. Nicht mal scheiden läßt sich meine Frau von mir!

Begründung

Wenn unser Karl nüchtern ist, ist es ihm nicht egal, daß er sich mit seiner Sauferei kaputt macht, sagt er, aber wenn er besoffen ist, sagt er, ist es ihm egal – und darum säuft er!

Noch ein Hinweis

Irgendwie hat Max Breithaupt schon recht, wenn er annimmt, daß er der Mittelpunkt der Erde ist, aber irgendwann müßte er auch mal dahinterkommen, daß es außer ihm noch mehr als fünf Milliarden weiterer Mittelpunkte auf Erden gibt!

Achtung, Verärgerte!

Spricht Ihnen ein Literaturkenner von einem Buch, das Sie unbedingt gelesen haben sollten, weil Sie es u n -

b e d i n g t gelesen haben müßten, dann grämen Sie
sich nicht, wenn Sie es noch nicht gelesen haben – das
Buch weiß sowieso nichts davon!

Schönes Eierwetter

Bald plumpsen grüne Eier
aus den kleinen,
erstaunten Vogelärschen
in die Welt.
Oh, rosa Lust,
die Fräulein Zeises Beinen
entsteigt und mir in meine
frohen Augen fällt.
Oh, Vogel-Ei,
schon morgen eine Meise,
wie mich doch deine
Existenz ergreift.
Oh, Donnerschlag,
der Kamm schwillt,
Fräulein Zeise.
Oh, Veilchenblau,
der Storch, der Sauhund,
pfeift.
Die Drüsen grinsen,
und die Seele schnattert.

Ein dünnes, frisches
Bibbergrün erwacht,
und in den Büschen
stehen höchst verdattert
zerrupfte Vögel,
wenn der Morgen kracht.
Mein Herz schlägt mit
den Flügeln,
Fräulein Zeise.
Ich fress' die Bäume an.
Mir grünt's im Bauch.
Mein Gott, mein Gott noch mal,
es jubiliert die Meise,
und all die andern
kleinen Pfeifen jubeln auch!

Zeitgeschichtliches

Ein Buch kostet in diesen Zeiten zwar oft weniger als ein Schnitzel mit Bratkartoffeln und Kopfsalat in der Kneipe, aber da essen die Menschen eben lieber kein Schnitzel mit Bratkartoffeln und Kopfsalat in der Kneipe, als daß sie sich vorwerfen lassen, daß sie lieber ein Schnitzel mit Bratkartoffeln und Kopfsalat in der Kneipe essen, als ein Buch zu kaufen! Aufgeregte Zeiten, zerrissene!

Aus dem Wunderland der Mathematik

Tiefgründig ist auch die Mathematik, das wurde mir beim Nachdenken über die Welt klar, ist doch beispielsweise die Entfernung zwischen zwei Punkten genauso groß wie die Entfernung zwischen dem einen und dem anderen oder dem anderen und dem einen dieser Punkte, was der Hälfte der doppelten beziehungsweise der halben doppelten Entfernung zwischen beiden Punkten entspricht oder der zwischen diesen beiden Punkten bestehende doppelten halben

Entfernung, natürlich immer von Punkt zu Punkt nach innen gemessen, den Zwischenraum zwischen beiden Punkten sozusagen, denn nach außen gemessen ändert sich die Entfernung zwischen den Punkten sofort, insofern man dann die nach innen gemessene Entfernung zwischen dem einen und dem anderen Punkt vom Erdumfang abziehen muß, um die nach außen bestehende Entfernung zwischen den beiden Punkten zu erhalten das ist ganz einfach, jedoch nur bei Punkten auf der Erde. Im Weltall ist es außenrum, um es einmal volkstümlich auszudrücken, leider schwieriger und ragt schon ins Reich der Relativitätstheorie und der Metaphysik hinein. Außerdem bitte ich von bösartigen Zuschriften studierter Mathematiker abzusehen!

Neues von Karl Hackenbart

Karl Hackenbart hat immer alles vorher gewußt. „Ich hab's gewußt!" ist Karl Hackenbart liebste Bemerkung nach irgendwelchen Katastrophen oder sonstigen dramatischen Ereignissen. Wenn er anfängt: „Ich hab's gewußt!", reißen alle aus. Dann sieht ihnen Karl Hackenbart nach und sagt beinahe triumphierend, indem er sie ausreißen sieht: „Ich hab's gewußt!"

Friedliches Angebot

DA BIN ICH, IHR SÄCKE!
Ich ruf's durch die Hecke.
Doch seht ihr mich nicht, zum Glück!
Da bin ich und necke
euch SÄCKE und blecke
die Zähne im märzlichen Schlick,
wobei ich entdecke:
Ihr schwenkt d i c k e S t ö c k e,
Ihr SÄCKE, mit wütendem Blick!
Na, gut denn, ich recke
mich auf im Verstecke
und nehme die SÄCKE zurück!

Wenn wir etwas unzufriedener mit uns wären, könnten wir etwas zufriedener mit uns sein!

Mitteilung Nr. 9

Mein Enkelkind ist jetzt genauso alt wie ich, als ich so alt war, wie mein Enkelkind jetzt ist!

Entsetzliches aus unserer Skatrunde

Plötzlich stritten wir uns über Müller und über Schulze. Ich war für Müller und gegen Schulze. Hannemann war für Schulze und gegen Müller. Buchsbaum war gegen Müller und gegen Schulze. Kahlbauer war für Müller und für Schulze. Infolgedessen war ich gegen Hannemann und gegen Kahlbauer, Hannemann war für Kahlbauer, Buchsbaum war für mich, Kahlbauer war für Hannemann. Natürlich war Kahlbauer auch für mich, Hannemann aber war gegen mich und gegen Buchsbaum. Ich war auch gegen Buchsbaum, aber für Kahlbauer. Hannemann war gegen Kahlbauer und für Buchsbaum. Ich war ebenfalls für Buchsbaum, aber Kahlbauer war gegen mich, und Buchsbaum war auch gegen mich. Selbstverständlich war Buchsbaum auch gegen Hannemann und gegen Kahlbauer. Kahlbauer wiederum war gegen Buchsbaum. Natürlich war Kahlbauer auch gegen Hannemann. Kahlbauer war aber auch wie Buchsbaum für Hannemann. Alles wegen Schulze, sagte ich. Hannemann sagte: wegen Müller! Buchsbaum sagte: weder Müller noch Schulze ist schuld! – Das war vielleicht eine Riesenpleite! Gen Himmel stank die Harmonie unserer Skatrunde! Und warum? Na, von den verschiedenen Meinungen kam's!

Schriftstellerisches

Der Schriftsteller Herbig schreibt so viel, daß er, wie er sagt, gar nicht mehr mit dem Erleben nachkommt!

Für Baumfreunde

Früher hat man Hunde und Sträflinge angekettet. Diese furchtbaren Zeiten sind gottlob fast vorbei. Heute kettet man vor allem noch Fahrräder und Mopeds an, vielleicht auch einen Schwerverbrecher oder unseren bissigen Papagei, den Theo, das Vieh, oder Papas schwersilberne Taschenuhr, echt antik, oder den eisernen Schiffsanker, ahoi. So, denkt man, kettet man heute an! Aber weit gefehlt, Leute! Leider nämlich mußte ich erst am Samstag auf dem Friedhof in der alten Schönhauser beobachten, wie dort jemand eine Pappel angekettet hatte – und zwar – ich traute meinen Augen nicht! – an eine GIESSKANNE! Jetzt ketten sie nun also schon die Bäume an! An blecherne Gießkannen! Demnächst vielleicht noch an Unkrauthäckchen! Hört denn das nie auf mit der Ankettetei auf dieser Erde?

Empfehlung für Dicke

Macht die Ohren auf, Kusinen,
hoch nun mit den Sitzmaschinen,
Brüder, Schwestern und ihr andern,
laßt uns wandern nach Kirchgandern,
laßt uns bis nach Prenzlau tippeln,
laßt uns schleichen, stiefeln, trippeln,
dorthin, wo des Wannsees Fluten
dröhnen, laßt uns flugs uns sputen,
querfeldein zu Aussichtstürmen
laßt uns spritzen, pilgern, stürmen,
laßt uns hopsen, tanzen, schreiten
durch des Sachsenlandes Weiten,
laßt uns unsre Waden schwingen,
latschen laßt uns, schlendern, springen,
kühn durch Schnee und über Wurzeln
laßt uns stampfen, stapfen, purzeln,
schießen laßt uns durch die Landschaft
bis nach Hamburg zur Verwandtschaft,
flink hinauf die stillen, steilen
Pfade mit den Beinen eilen
sowie bis nach Friesland schweifen,
durch die Dresdner Heide streifen,
laßt uns ziehen und uns trollen,
flugs laßt uns die fetten Bollen

schwenken – laßt uns, sollt's auch nieseln,
schreiten, traben, stelzen, wieseln,
stolz auf dicken, roten, blasen-
vollen Füßen laßt uns rasen,
laßt uns nicht die Daumen drehen,
sondern gehen, gehen, gehen,
sausen, pesen, schesen, hetzen,
laßt uns auf den Brocken wetzen,
laßt uns, gackernd wie die Hennen,
flitzen, eilen, jagen, rennen,
laßt auf Mazda und Mercedes
pfeifen uns und flugs per pedes
uns bewegen hier auf Erden,
LASST UNS ENDLICH DÜNNER WERDEN!

Verzweifeltes Geständnis

Die oberen Zähne soll man von oben nach unten und die unteren Zähne von unten nach oben putzen. Das fördert sozusagen die Durchblutung des Zahnfleisches. Damit sich nichts lockert! Nun passiert es mir aber leider immer, wenn ich die oberen Zähne nach unten putze, daß ich mit der Bürste, weil man doch die Zähne dabei aufeinanderbeißt, nach unten durchrutsche und auch die unteren Zähne nach unten putze, wo sie doch nach oben geputzt werden sollen. Desgleichen passiert es mir beim Putzen der unteren Zähne, daß ich nach oben durchrutsche und die oberen Zähne, die doch nach unten geputzt werden sollen, ebenfalls nach oben putze. Ich habe es sogar schon mit dem Kopf nach unten versucht: immer derselbe Effekt (Affekt? Infarkt? Effendi? – Ich bin ganz nervös!) Das ist vielleicht ein Himphamp, welchem sich der pflichthungrige Hygieniker aussetzt! Was sollen dann die schlauen Ratschläge der Herren Zahnärzte, wenn man immer wieder nach oben oder unten durchrutscht?

Betrifft: St. Günthermann

St. Günthermann, der Erfinder der WASSERFESTEN KARTOFFELSUPPE, der letztens (weil man ja im Fernsehen sowieso alles wiederholen würde, hört, hört!) vorschlug, wegen ihrer hohen Einschaltquoten auch die Wetterberichte in den Folgewochen immer mal wieder im Stile der beliebten LINDENSTRASSE oder anderer süffiger Fortsetzungsserien zu wiederholen, dieser Erfinder St. Günthermann hat nach Fertigstellung seiner Familientetralogie „Wenn's hochkommt, so ist's Brühe im Adlon gewesen" (Erinnerungen eines alten Fettauges) – wird übrigens von St. Günthermann bald zu einem Zweiunddreißigteiler für's Fernsehen umgearbeitet! –, hat also nach Fertigstellung dieses exzellenten Werkes nun auch noch einen Knopf erfunden, mit dem man sich selber leise drehen oder abstellen kann. (Natürlich auch wieder anknipsen!) Bravo! Bravissimo!

Grünliches Eiriges

Der Lenz ist ausgebrochen.
Es blubbert froh der Saft.
Nun laßt uns Eier kochen,
denn Eier geben Kraft,
und Kraft ist einem dienlich,
wenn man Elfriede küßt.
Seht an, das Gras ist grünlich,
wo's nicht mehr gelblich ist!

Drum woll'n wir uns ergehen
im hellen Sonnenschein,
wo dicke Tulpen stehen
auf einem grünen Bein,
wo Drosseln aus der Nase
der Wiese Würmer ziehn,
denn, wie gesagt, im Grase
ist die Natur schon grün.
Dort will was explodieren,
dort spielt der Lenz zum Tanz,
und Hunde gehn spazieren
mit aufgestelltem Schwanz,
weil sogar sie begreifen,
daß sich was rührt und tut.
Die Tauben fliegen Schleifen.
Der Himmel schwenkt den Hut.
Was lebt, will sich bewegen.
Es riecht nach Sprit und Teer.
Nun könnt ich Eier legen,
wenn ich ein Vogel wär!

Besuch

Heute morgen kam mich Wuttke besuchen. „Da haben wir's!" dachte ich, als er in der Tür stand. Aber Wuttke redete schon. Ich habe die Buntwäsche dabei gewaschen, sechs Hemden gebügelt und zwei Sonntagshosen, drei Paar Schuhe geputzt, den Abwasch gemacht, die Kartoffeln für den Salat geschält, war im Bad, mich rasieren: Wuttke redete im Wohnzimmer, redete und redete! Mit mir natürlich, denn sonst war keiner da! Der Wellensittich, der sonst auch einen gewaltigen Stiebel zusammenplappert, saß mit aufgerissenem Maul auf der Stange und war sprachlos. Das hatte er noch nicht erlebt! Als ich von Wuttke genug hatte, gegen Mittag etwa, setzte ich mich ihm gegenüber und stand langsam wieder auf. Wuttke redete und redete, stand aber wie unter Hypnose langsam mit mir auf, sozusagen synchron. So trieb ich ihn zur Tür. Wuttke redete. Er redete noch auf der Treppe und, wie ich vom Balkon aus sehen konnte, auch noch vor der Haustür. Ich vermute, er weiß jetzt noch nicht, daß er draußen ist.

Über die Kunst

Am Samstag nach der Theaterpremiere am Künstlertisch in der BIERSCHWEMME am Eberweiner Platz sprach der Künstler Lewandowski nach langem Grübeln in das nachdenkliche Schweigen der biertrinkenden Künstler hinein: „Meine Güte, ach je, die Kunst, ja, ja, die Kunst, die Kunst, die Kunst, ach, du grüne Scheiße, ach herrje, die Kunst, meine Güte noch mal, die Kunst, verdammt noch eins, ach ja, die Kunst, oh, mein Gott, die Kunst, die Kunst, die Kunst, ts, ts, ts, Gott verflucht noch eins, die Kunst, Junge, Junge, Junge!"

Das sprach der Künstler Lewandowski am Künstlertisch in der BIERSCHWEMME am Eberweiner Platz, worauf alle biertrinkenden Künstler nachdenklich nickten –, und auch wir, sofern wir etwas Ahnung von der Kunst haben, sollten dieser tiefsinnigen Bemerkung des Künstlers Lewandowski das Nicken nicht versagen.

Vorüberziehendes Ratschdöng

– für mürrische Tage –

Dingdong! Es kummt.
Schrippschrapp! Es schrummt.
Nu guck mal raus: bingbong!
Bimbaum, quiek, quiek!
Zipfzapf, schrackschriek!
Wummwumm! Tämtäm! Dingdong!
Nanu, trärä?
Gongging, tatä!
Ratschdöng, pautzwamm, trara!
Oh je, bummwumm!
Blimmblamm, schrammschrumm!
Tätä, rärä, lala!
Klingklangel, bing!
Zieptrill, dongding!
Tschingbumm, tärämtäm, womm!
Na, so was, Mann!
Hör dir das an:
Blingblang, tut, schrimmbammschromm!
Tängtängputzwumm!
Das haut mich um!
Wimmwomm! Wautzbamm! Trillpieps!
Dingdong, dingdang!

Bimbaum, klingklang!
Ach je, nu guck: tüt, fieps!
Wie niedlich: ping!
Quiet, quiet, tangting,
blingblangel, ziep, dingdei!
Nu mach schon zu!
Gonggöng, dingdu?
Das wars, bongbing – vorbei!

Ehrenwertes

Wenn ich mir vorstelle, daß ungefähr die eine Hälfte der Menschheit heutzutage immer noch ohne weiteres dazu fähig wäre, der anderen Hälfte der Menschheit eine reinzuhauen, dann muß ich schon sagen, daß ich eine große Achtung habe vor der anderen Hälfte der Menschheit, weil sie der einen Hälfte der Menschheit, die heutzutage immer noch dazu fähig wäre, ihr eine reinzuhauen, nicht eine reinhaut, denn reingehauen wird schließlich genug!

Befürchtung

Gäbs Marienkäferchen zum Zuknöpfen, würden wir großen, fetten Menschen uns über die putzigen, kleinen Knöpfe von Herzen freuen, denke ich. Müßten wir aber dann irgendwelche offenen Marienkäferchen zuknöpfen, würden wir Menschen mit unseren dicken Fingern, das denke ich leider auch, uns nicht mehr von Herzen über die putzigen, kleinen Knöpfe freuen, sondern sie entsetzlich verfluchen oder wir ließen die Marienkäferchen vielleicht sogar offen herumlaufen, daß sie sich erkälten würden, schlimm, schlimm!

Tragisches

Mein Freund Bär ist durch seine dauernde Gleichgültigkeit mittlerweile so gleichgültig geworden, daß es ihm jetzt sogar schon völlig gleichgültig ist, daß er so gleichgültig ist.

Das Licht (the light)

Schreibt man das Licht mit a in der Mitte, heißt es: das Lacht. Es lacht aber – bis auf die Sonne – nicht, denn das Licht an sich ist eigentlich, abgesehen von den Eigenschaften der Lichtquelle, an der man sich ganz schön die Pfoten verbrennen kann, nur hell. Es wird angeknipst oder geht, wenn es sich um Sonnenlicht handelt, im Osten auf, ich kann nichts dafür. Der Unterschied zwischen Sonnenlicht und elektrisch besteht darin, daß man für ersteres keine Verlängerungsschnur benötigt. Dafür bekommt man bei elektrisch keinen Sonnenbrand, aber einen Schlag. Sobald das Licht angeknipst oder aufgegangen ist, ist es hell und man sieht, was für hübsche Brüste Evchen hat und wie häßlich man selber ist. Bis es wieder ausgeknipst oder untergegangen ist. Dann ist es dunkel und man kann Evchens Brüste nur noch fühlen, was ebenfalls angenehm ist. Wenn es richtig dunkel ist („finster wie im Orsche", wie die ordinären Sachsen sagen), ist das Licht nicht mehr vorhanden. Wie der Mensch, wenn er tot ist, wo er ja auch, selbst wenn er kein großes Licht ist, ausgeknipst wird und faktisch nicht mehr vorhanden ist. Da der Mensch nicht im Osten aufgehen kann, höchstens ein Brotteig oder Ihnen ein Seifensieder, wäre der Mensch vermutlich nur wieder da, wenn ihn einer anknipste. Wie das Licht eben. Hier scheint aber noch der richtige Schalter zu fehlen. Oder der Anknipser. Schade!

Wichtiges vom Wetter

Es gibt gutes und schlechtes sowie richtiges und falsches Wetter, wobei man beachten sollte, daß das richtige Wetter nicht immer das gute Wetter sein muß, denn das gute Wetter kann durchaus das falsche Wetter sein, weil nämlich manchmal das schlechte

Wetter das gute Wetter ist und das gute Wetter das schlechte Wetter.

Stiller Gedanke

Wenn ich mal gestorben bin, ich glaube, so richtig trauern, wie ich möchte, werde ich wohl dann nicht können.

Hier spricht der Lebenserfahrene

Vor einigen Tagen, verehrte Leser, stellte man mir die Frage: „Sind Menschen auch Tiere, Meister?" Dazu ließe sich viel sagen, aber ich sag's nicht, denn bedauerlicherweise hält mich, nach seinem unverschämten Benehmen zu urteilen, mittlerweile schon das Meerschwein meines Enkelsohnes Franz, obwohl ich zweieinhalb Semester Architektur in Dresden studiert habe und das griechische Alphabet beherrsche, für ein Meerschwein, wobei das Meerschwein meines Enkelsohnes Franz, wie ich zu behaupten wage, nicht einmal weiß, daß es ein Meerschwein ist. Ich vermute sogar, weil es sich ja noch nie im Spiegel gesehen hat, aber uns dauernd anglotzt, es denkt, Meerschweine, also auch es selber, sähen so wie ich oder mein Enkelsohn Franz aus, das traue ich ihm zu, so anmaßend benimmt es sich manchmal. Angesichts dieser Sachlage würde ich sagen, daß ein Lebewesen wie das menschliche, das zirka zwölf Doppelkorn oder ein Alter von zwölf Monaten benötigt, um sich auf allen Vieren fortzubewegen, kein Tier sein kann, denn Tiere bewegen sich ohne zwölf Doppelkorn in jedem Alter auf allen Vieren fort, wenn sie nicht zufällig Tausendfüßler sind oder zweibeinige Vögel. Bei vierbeinigen Vögeln ist aber schon wieder Mißtrauen angebracht. Außerdem wird mir soeben bewußt, daß sich der Blatthornkäfer auf allen Sechsen fortbewegt und die Materie mir über den Kopf zu wachsen beginnt. Ich stelle darum abschließend fest – unter Vorbehalt natürlich! –, daß Menschen keine Tiere sind. In einem folgenden Beitrag werde ich mich befassen mit der Frage: Sind Tiere auch Menschen?

Psychologisches

Wenn euch einer erklärt, daß er blöd ist, dann ist er bestimmt nicht blöd, denn einer, der blöd ist, erklärt euch nicht, daß er blöd ist, weil er ganz einfach zu blöd ist, um zu wissen, daß er blöd ist, also Vorsicht!

Des Menschen Schamgefühl

„Sie müssen sich nicht umdrehen wegen mir, ich sehe das jeden Tag viele Mal!" sagte die blutjunge, bildschöne Zahnärztin Dr. Schnöppke zu Egon Grießhammer, der seine verdammte Teilprothese, die sie ihm repariert hatten, in der Ecke eigenhändig wieder einzusetzen versuchte. „Wegen mir müssen Sie sich nicht umdrehen!" wiederholte die blutjunge, bildhübsche Zahnärztin Dr. Schnöppke liebevoll. „Wegen mir nicht!" – „Ich drehe mich nur wegen mir um!" erwiderte Egon Grießhammer traurig.

Betrifft: St. Günthermann

Einen Sessel mit besonders langer Rückenlehne, hinten abgestützt, in welchem man stehend liegen kann, schenkte St. Günthermann, der Erfinder, seiner Gattin zum Geburtstag. Die Vorteile: Frau Bärbel Günthermann, die Gattin, muß nicht mehr aufstehen, wenn sie liegt und es klingelt jemand, weil sie dann eben liegend nach draußen geht und sich danach wieder zum Liegen hinstellt. Die Nachteile: Bei längerer Sesselbenutzung knicken die Knie von Frau Bärbel Günthermann, der Gattin, ein. Dem hofft, St. Günthermann, der Erfinder, aber mit einem noch in Arbeit befindlichen Kniezwickel beizukommen.

Hinweis Nr. 89

Ruhig Blut, Zeitgenossen, vielleicht sind wir nur eine Einbildung des lieben Gottes und es gibt uns gar nicht richtig!

Osterspaziergang

Die Vögel sitzen
auf den jungen Vögeln
und gucken wartend
vor sich hin, als wenn's
bald Frühstück gäb',
und noble Wolken segeln
durchs Blau wie Wolken
von Mercedes-Benz.
Es riecht nach echtem
Mist, die Büsche schallen,
und vor mir her schiebt

sich mein dicker Wanst.
Hörst du's, Sofie, hörst
du den Frühling lallen?
Nun hops schon, Mädchen,
wenn du hopsen kannst!
Jetzt lassen wir das
Herz mal Seilchen springen
und pfeifen uns
paar harte Eier ein!
Hörst du's, Sofie, hörst
du die Büsche singen?
Mein Gott, es lohnt, Sofie,
ein Mensch zu sein!
Drum woll'n, Sofie, wir
Richtung Basdorf ziehen.
Mit Zwiebelfarben ist
die Welt bemalt.
Der Nougat schießt, die
Eierbecher blühen,
drum hops, Sofie, bis
daß dein Kreislauf strahlt,
bis du frohlockst, Sofie,
und in die frischen
Gerüche dankbar
deine Nase schiebst
und hörst, wie's

Drosseljunge in den Büschen
froh an der Brust
der Drosselmutter piepst.
Drum hops, Sofie,
hopst Herzen, Hasen, Pudel,
hopst Kraftfahrzeuge,
hopsen ist gesund!
Zum Dotterwetter,
dreimal Eiernudel,
es gibt noch Tage!
Tage gibt's, na und?

Wissenswertes vom Quäträck

Wenn der Flieder im Abblühen begriffen ist, läßt der Quäträck, auch Schietenhannes genannt oder Quellauge, sein melodisches „Knickeknackeschükükü piffpiff!" erschallen, um die brunstwillige Kitzerine, auch Dicke Paula genannt, anzulocken. Besonders im Akeleanderbusch treffen wir ihn an, den „kleinen Kuckelmutz mit dem grünen Punkt", wie ihn der Volksmund nennt. Dort hängt er meist auf den äußersten Bitzen, köckelt mit den Schwammerln und pifft zuweilen. Welche Freude für den wandernden Naturfreund mit dem Jägerhut auf dem erschöpften Großstadtkopf, wenn er den Quäträck beim Schäppeln oder Piffen belauschen kann. Da schlägt des Menschen Herz höher! Mit frohem Sinn, den Jagerhut in den Nacken geschoben und die Laute geschultert, ziehst du weiter, Naturfreund, denn auch hier im kleinen vollzieht sich der Kreislauf der gewaltigen Natur auf graziöse Weise. Vielleicht, daß wir im Eiswinter, wenn's uns manchmal gar zu trostlos scheinen mag, daß kein grünes Blatt mehr grünt –, vielleicht, daß wir dann einmal an das emsige Schäppeln oder Piffen des Quäträcks denken –, vielleicht, daß dann ein Lächeln unser hartgefrorenes Winterantlitz verschönt und wir etwas wärmere Füße bekommen, vielleicht?

Ein schlauer Mensch

Fragt man Kolbe nach etwas, was er nicht weiß, kneift er das linke Auge zu, macht ein verschmitztes Gesicht und antwortet so, als wüßte er's: „Ich weiß es nicht!" – Auch eine Methode, um nicht für blöd zu gelten!

Warnung

Ist einer fortwährend ein wunderbarer Mensch, kann das natürlich auch eine ganz hinterlistige Absicht von ihm sein.

Lobgedicht

Wenn Hühner gackern an vergnügten Tagen,
möcht ich vor ihnen niederknien deswegen
und ihnen so viel Schmeichelhaftes sagen,
daß sie vor Scham knallrote Eier legen.
Und blaue Blümchen möcht ich ihnen pflücken
und Kränze winden für den Kopf daraus,
und ihre roten Pfoten möcht ich drücken
und ihnen Puls- und Eierwärmer stricken
und Wimpel hissen vor dem Hühnerhaus.
Denn Hühnergackern in der werten Sonne
bremst meine Puste und den jähen Schritt,

und was mein Kreislauf ist,
                      der schluchzt vor Wonne,
und manchmal gackere ich sogar mit!

Hinweis Nr. 296

Die Ziegen haben viel weniger Ärger als wir Menschen, aber meckern tun sie auch!

Beispielhaft

Als Hugo Wollmann neulich aus rein familiären Gründen sehr viel Alkohol getrunken hatte, konnte man wieder einmal sehen, wie ein reifer, in sich ruhender Charakter so eine kritische Grenzsituation, woran jüngere Leute zerbrechen können, meistert, denn als sich Hugo Wollmann zum Schlaf rüstete, geschah das wie immer in ordentlicher Art und Weise, völlig gesittet also. Liebevoll zog Hugo Wollmann seine Hose aus und legte sie ordentlich zusammen, zog sein geblümtes Hemd aus und legte es ordentlich zusammen, es folgten Unterwäsche, Socken, Brille, alles wie immer ordentlich auf dem Fernsehsessel zusammengelegt, darauf türmte Hugo Wollmann seine Hausschuhe, ordentlich zusammengelegt, putzte seine Zähne und legte sie, ordentlich zusammengelegt, auf die zusammengelegten Hausschuhe, ging seelenruhig ins Bett, legte sich ordentlich zusammen und schnaufte nicht einmal dabei, ein Zeichen eisernster Beherrschung, eine grandiose Leistung in seinem Zustand, wobei man den einzigen kleine Patzer, der Hugo Wollmann unterlief (er nahm die Trockenschleuder mit ins Bett), nun wirklich nicht überbewerten sollte, obwohl seine Frau am nächsten Morgen ein mächtig zynisches Trara deswegen veranstaltete. Aber das ist nun mal Frauenart. Mit dem eigenen Mann ist man nie zufrieden, nicht mal, wenn er Jesus oder Karl Lagerfeld ist!

Das Alter

Das Alter beinhaltet natürlich auch etwas sehr Positives, und zwar: Großteils hat man den ganzen Ärger hinter sich! Leider beinhaltet das Alter auch etwas sehr Negatives, nämlich: Großteils hat man auch die ganzen Freuden hinter sich!

Gut gesagt

Vieles kann der Mensch schaffen – sogar sich!

Morgenröte, Morgenröte

Jauchze, Zippe, sing und flöte!
Guck mal, Junge, Morgenröte!
Heute schüttet's Licht, mein Lieber.
Weiter hinten schwabbt's schon über.
Grüß dich, liebe Eiersonne,
dottergelbe Butterwonne,
Himmelsofen, Götternuckel,
dickes Klärchen, Wärm-den-Buckel,
schöne, runde, blonde Suse,
warm wie in Luises Bluse
wird's durch dich, du meine Wonne,
Honigschleuder, Frühlingssonne!
Kopfstehn möcht ich, jubeln, heulen,
strampeln mit den steifen Keulen,
doch auf Grund von Hexenschüssen
werd ich mir's erlassen müssen
und mich nicht zum Kindskopf machen,
sondern mich mit wüstem Lachen
bald schon fürchterlich ertränken
drüben bei den grünen Bänken,
wo die jungen Spatzen lallen
und die Büsche mächtig schallen,
mich ersäufen in den Lüften,
in verruchten Veilchendüften

bis zum großen Maul versinken,
laben meinen alten Zinken,
denn der Mai schießt bald, Luise,
Purzelbäume auf der Wiese,
und ich steh mit breitem Grinsen
als gerührter, fetter Plinsen
hexenschußgekrümmt daneben,
wenn der Sauhund dieses Leben
preist auf seiner hellen Flöte.
Grüß dich, grüß dich, Morgenröte!

Geständnis

Weil doch der Mensch das Ebenbild Gottes sein soll, frag ich mich manchmal in nachdenklichen Stunden, welche Sorte Flaschenbier Gott wohl trinken und was für Stumpen er rauchen wird. Weiterhin frag ich mich natürlich, da ja auch die Frau ein Mensch ist und demzufolge ebenfalls Gottes Ebenbild sein muß, ob Gott auch Brüste und eine hohe Stimme hat?

Betrifft: St. Günthermann

Fritz Krausnick, Verfasser der beliebten Reise- und Kochbücher „Mudding im Pudding", „La Paloma" (Die Palme), „Wir lachen vor Madagaskar", „Von Wusterhausen bis Wustersoße" und „Berlin ohne Lorbeergrenze", erklärt sich trotz der durch die Sensationspresse verbreiteten Behauptung, daß er sein eigener Vater sei, dazu bereit, den Erfinder St. Günthermann auf einer Reise mit dem Faltboot zum Mount Everest zu begleiten, wo St. Günthermann in der dünnen Luft da oben ein Dreieck erfinden will, das entweder gar keine oder mehr als drei Ecken hat, damit endlich einmal, wie der Erfinder sagt, mit den dauernden Dreieckskonflikten Schluß gemacht werden kann!

Hinweis Nr. 7 a

Zu dünne Beine, zu große Nasenlöcher, zu dicke Ohren, zu kleine Augen, sogenannte Schweinsaugen, ein gemeiner Zug um den Mund und ähnliche ins Auge fallende menschliche Charaktereigenschaften können allemal durch vorbildliche Leistungen im Berufsleben wettgemacht werden!

Wegen des Wohlgefühls

Hellmuth Haase geht schon seit Ewigkeiten nacktbaden. „Wegen des Wohlgefühls, das man als nackter Mensch ganzkörperlich empfindet!" sagt er. „Weil die lauen Sommerwinde so angenehm zwischen den Beinen durchstreichen!" sagt er. Natürlich auch würden er und seine Frau die anderen nacktbadenden Bürger nicht anglotzen, um zu überprüfen, wie sie gewachsen seien, speziell beim männlichen Bürger der kleine Wieselbauer, antwortete Haase auf eine diesbezügliche Bemerkung des Kassierers Wöllner, eines etwas prüden und zynischen Menschen, und fügte hinzu, daß so etwas nur Schwachköpfe und grasgrüne Pennäler annehmen könnten, denn wenn Wöllner sehen würde, erklärte Hellmuth Haase, was da im nackten Zustand so an Schreckschrauben und krummen Blocksbergfiguren die Hängebäuche durch die Gegend schleppe, kaputtlachen würde sich Wöllner, was er und seine Frau, bemerkte Hellmuth Haase, beim Beobachten dieses peinlichen Formenreichtums ja dann auch schon jahrelang am Strande tun würden, das sei ihr größtes Nacktbadevergnügen!

Geständnis

Mich finde ich manchmal nicht schön, meine Ostereier finde ich manchmal überhaupt nicht!

Manchmal liegt man die halbe Nacht wach – und warum? Weil man die andere halbe Nacht schläft, darum! Sonst würde man nämlich die ganze Nacht wachliegen!

Uhrgeheimnis

„Eine Uhr, das müssen sie wissen",
sprach kürzlich der Uhrmacher Schweiger
zum Kunden Max Fröbel bedrückt,
„ist wirklich echt aufgeschmissen
ganz ohne den kleinsten Zeiger,
auch, wenn sie noch so tickt!"

Aus dem Alltag der Presse

Schenkt Wiesemann seiner Frau einen großen Blumenstrauß, dann interessiert das die Presse natürlich einen Dreck. Wenn Wiesemann seine Frau aber zwingt, einen großen Blumenstrauß aufzuessen, dann druckt das natürlich sofort jedes anständige Blatt.

Geständnis

Wenn meine Frau Musik hört, pfeift sie mit. Es ist beinahe unmöglich, mit ihr in ein Konzert zu gehen!

Erfreuliches

Immer, wenn Werner Stülpner während der vergangenen Jahre zu seiner Frau sagte: „Das drückt, das drückt, Marthel, ich glaube, ich habe ein Magengeschwür!" erwidert diese: „Schön wär's, du alter Pimpelfranz, du hast überhaupt nichts, das Drücken kommt von deiner maßlosen Mampferei!" Jetzt aber, wo Werner Stülpner endlich beim Arzt gewesen ist und mehrere Untersuchungen hinter sich hat, weil ihm die Beschwerden zu groß geworden waren, weiß er, daß er sogar drei Magengeschwüre hat, und darüber, sagt er, obwohl er das Gegenteil eines rechthaberischen Menschen ist, freut er sich natürlich halb kaputt, sagt er.

Betrifft schon wieder: St. Günthermann

St. Günthermann, der Erfinder, welcher allein im November letzten Jahres die Lebenshilfebücher „Der Mensch als Einwegflasche", „Freie Bahn den kochwaschsauberen Füßen" und „Sollten Regenwürmer Pulswärmer tragen?" verfaßte, züchtete außerdem im vergangenen Monat für Zahnprothesenträger die PERFORIERTE MÖHRE (in Bißgröße perforiert für kleine und große Schnauzen), erfand vorgestern die SCHUHCREME MIT SCHOKOLADENGESCHMACK (für Kleinkinder, die gern mal Papas Schuhe ablecken) und ist soeben im Begriff eine neuartige Lotterie mit ganz neuartigen Losen ins Leben zu rufen, von Arbeitslosen über Pausenlose, Tonlose, Hoffnungslose, Bodenlose, Tadellose, Grundlose, Lieblose, Bargeldlose, Charakterlose, Wehrlose, Farblose, Appetitlose, Geschmacklose, Harmlose, Leblose, Mittellose, Sinnlose, Kopflose, Obdachlose, Zwecklose und Zügellose bis zu Zahnlosen. Daß St. Günthermann dabei auch die Turnlose erfunden haben soll, beruht auf einem Übermittlungsfehler.

Wichtige Empfehlung

Angesichts der im Fernsehen immer ausführlicher werdenden Vorschauen auf Fernsehsendungen sollte man vielleicht beim Fernsehen dazu übergehen, Vorschauen auf Vorschauen zu senden, wobei man, da die Ansagen der Ansagerinnen für diese Vorschauen auch immer ausführlicher werden, gleich noch erwägen sollte, die Ansagerinnen vorher durch Ansagerinnen ansagen zu lassen!

Maiennächtliches

In stillen Bäumen
sitzen stille Meisen
auf stillen Eiern
und ich geb scharf acht,
daß mir nicht wer
mit einem hohlen Eisen
eins auf den Schädel haut
vor Mitternacht,
wenn ich nach Hause geh
aus dem Theater,
wo ich, ein Scheißerlein,
den Künsten dien'.
Wär' ich heut Postbeamter,
wie sich's Vater
erhofft hat, lief ich
nachts nicht durch Berlin
und glotzte hoch,
wo im Gebirg der Dächer
der dicke, doofe
Mond hängt ohne Laut.
Das möcht' ich sehn,
daß mir so ein Verbrecher
ein hohles Eisen
auf den Schädel haut!

Das wär' ja was,
wenn man, weil man den Künsten
als Künstler dient, nachts
Haue dafür faßt!
Mein Gott, Berlin,
mit deinen sauren Dünsten,
zu Hause leg' ich gleich
noch ohne Hast
die dicken Füße hoch
und lache leise
und fühl' mich wohl, jawohl,
und trink' verschmitzt
mein Bier und denke – hupp! –
froh an die Meise,
die still auf ihren
kleinen Eiern sitzt.

Der Mensch kann sich alles vorstellen. Sogar, daß der Mensch sich nichts vorstellen kann, kann sich der Mensch vorstellen.

Ein lehrreiches Mittagessen

Ich war bei Mahlers zum Mittagessen eingeladen und kippte versehentlich die Weinlaubsoßenterrine voll fetter Soße über Uroma Mahlers schweres Damasttischtuch. Natürlich rief ich sofort „Oh, Verzeihung, Verzeihung alle miteinander!" und errötete heftig. „Warum Verzeihung?" keifte die Hausfrau. „Uromas kostbares Damasttischtuch kann das doch nicht hören, es hat keine Ohren!" Nun stellte auch ich verwundert fest, daß antike Damasttischtücher keine Ohren besitzen. Da habe ich meine Entschuldigung natürlich sofort zurückgenommen.

Aus der weiten Welt

Udo Butzke, der Fliesenleger aus Weißensee, hat unheimlich abgeplattete Zehen, vom Großvater her vermutlich. „Die reinsten Schaufeln!" sagt seine erbarmungslose Mutter. Diese Schaufeln machen Udo Butzke, wie er sagt, weil er andere Sorgen hat, zwar einen Dreck aus, aber am Freitag vergangener Woche fragt ihn ein älterer Herr, der ihm in der Straßenbahn gegenüber sitzt, ob er seine erschöpften Füße nicht ein wenig auf Udo Butzkes Knie legen dürfe. „Aber nicht in Schuhen!" antwortete Udo Butzke, der seine neuen Jeans anhatte. So viel Höflichkeit in dieser blutrünstigen Zeit ist zwar selten – auch in alten Jeans! –, man will's auch gar nicht recht glauben, aber glauben wir's mal, denn der ältere Herr zog seine Schuhe bereitwillig aus, sogar die schmuddligen Socken, und legte die frühlingsdicken, roten, erschöpften, aber fast sauberen Füße auf Udo Butzkes Knie, und – jetzt kommt's! – da hat doch dieser ältere Herr, der weder verwandt noch verschwägert mit Udo Butzke war, haargenau die gleichen abgeplatteten Zehen wie Udo Butzke, die reinsten Schaufeln! Ist das nicht beinahe unmenschlich trostvoll und hoffnungsspendend in diesen zerrissenen Zeiten?

Helmuth Biederichs stille Gedanken

Der Himmel ist ein Riesenloch!
Wohin? Warum? Woher?
Nun sagt mir's doch, nun sagt mir's doch,
weil ich gern schlauer wär'!
Ich bin der Helmuth Biederich
aus Spremberg an der Spree
und weiß nicht mal, warum grad ich
der Helmuth bin, ach, je.
Warum bin ich denn grade der
und nicht mein Vetter Fritz
(zum Beispiel!) oder irgendwer
aus Leipzig-Stötteritz?
Nun sagt mir's doch, sagt mir's sogleich,
seid nicht so schrecklich still:
Bin ich ein Gott, ein Quapp im Teich,

ein Rätsel, ein Bazill?
Seid nicht so stille, sagt mir schlicht,
warum das Steißhuhn fliegt
und Spremberg beispielsweise nicht
in Oberbayern liegt.
Ich weiß es nicht, obwohl ich Koch
in Pritzwalk hab erlernt.
Ist er gar ein Kanonenloch,
der Himmel, hold besternt?
Er zieht sich jedenfalls gemein,
ihm selber sei's geklagt.
Vermutlich mehr noch als der Rhein,
wie unsre Hilde sagt!
Erlaufen könnte man ihn nie.
Nicht mal per Fahrrad ging's.
Und schweigen tut er auch noch wie
in Giseh diese Sphinx!
Und ich, wie der Sinanthropus,
stöhn' mein: Woher? Wohin?
Nur manchmal, wenn ich lachen muß,
wird's lichter in mir drin.

Ein Arzt

Ein Arzt muß nicht nur fachmännisch untersuchen und diagnostizieren können, er muß auch fachmännisch nicken können, wenn man ihm von seinen Beschwerden berichtet.

Mitteilung Nr. 333

Gestern rief meine Frau, während sie sich mit genüßlichem Schlürfen Pfirsiche aus der Dose einverleibte: „Ach, wie zart! Ach, wie zart! Ach, wie zart!" Dazu möchte ich nun endlich doch einmal als ausübender Schauspieler bemerken: „Wenn ein Pfirsich Beine hätte und dauernd auftreten und wie ein Idiot auf der Bühne herumstehen müßte, wäre er auch nicht so zart, wie es meine Frau immerfort in die Welt hinausposaunt, sondern der Pfirsich hätte dann eben auch Muskeln und Sehnen und Hühneraugen, ja, vielleicht sogar dicke Beine mit einigen Krampfadern, da muß man gar nicht so anzügliche Reden führen, denke ich, oder?"

Von der Größe

Gegen mich ist unser Haus groß, dagegen der Fernsehturm und dagegen wiederum der Krach in unserer Prenzlauer Allee und gegen diesen mein Regisseur Dr. Buttermann. Ich bin groß gegen meine Frau, und diese ist groß gegen meinen großen Sohn. Der aber ist groß seinen Schwestern gegenüber. Und diese wiederum sind gegen meine kleinen Söhne groß. Meine kleinen Söhne sind groß unserem Hund gegenüber, und der ist groß gegen die Wellensittiche. Die Wellensittiche sind groß gegen die Stubenfliegen, die Stubenfliegen sind groß gegen die Wasserflöhe in unserem Zierfischaquarium, und das Zierfischaquarium ist überhaupt groß, denn wir haben extra ein großes gekauft. Wie groß ist doch alles!

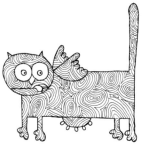

Treue?

Wenn Knaak seine Frau im Traum betrügt, betrügt er sie nur mit seiner Frau!

Und hier endlich mal wieder eine Mitteilung

Durch die beruflich bedingte, permanente Beschäftigung mit dem Geist der Welt nehmen viele Schauspieler an, sie seien derselbe.

Natürlich trifft es zu, daß auch wir Menschen andere Lebewesen verzehren, aber wir braten sie doch wenigstens vorher oder bereiten sie auf eine andere appetitliche Art zu, die Tiere fressen sie roh!

Aufmunterndes Lenzgedicht

Ich sag's hier frei
von der Leber weg:
Ihnen fehlt,
verehrter Herr Knesebeck,
die innerliche Ruhe!
Oder drücken Ihnen die Schuhe?
Sei'n Sie Mann, werter Herr,
werfen Sie sofort,
Ihre elende Laune über Bord,
sehnse hoch ins Grüne,
in die Linde da links,
das herzt Ihren Blutdruck,
verehrter Herr Dings,
das ist bald wie Liebe,
das ist fast ein Fest:
Sieben gesprenkelte Eier im Nest!
Da fragt sich der Mensch,
von Freude bewegt:
HAT DIE LINDE ETWA
EIER GELEGT?
Na, nu lächelnse mal,
nu lächelnse mal,
der Eiersegen wirkt phänomenal
auf den Kopp des Menschen,

nu sehnse schon hoch,
wie rot die Eier jetzt sind
(und Sie ooch!),
denn soeben erzeugt die Sonne,
die große,
einen Lenzabend in Tomatensoße;
selbst die Eltern der Eier ergreifen
nun Flöten, mein Herr, und pfeifen
so schön wie die Philharmonie.
Und Sie?

Hinweis Nr. 2732

Man muß nicht alles haben wollen vom Dasein, lieber Mitbürger! Wenn Sie schon einen Haufen Geld haben, Intelligenz, Schönheit, Erfolg, Gesundheit, eine Villa im Grünen, einen Hubschrauber im Blauen und eine Geliebte in Napoli, dann müssen Sie nicht auch noch einen guten Charakter haben wollen!

Betrifft: St. Günthermann

Dem Erfinder St. Günthermann, der am Mittwochabend wieder einmal, wie schon so oft, aus Sprechblasen Schweigeblasen entwickeln wollte, gelangen dabei nur Sprechbohnen und nach vielen wütenden

Experimenten Sprechbratkartoffeln, durch die St. Günthermann zwar über die Erfindungen der schnittfesten Vierfruchtmarmelade und des abspielbaren Bratherings zur Erfindung der marinierten Seifenblasen und des nichtbrennbaren Plunderstückchens gelangte, was er aber alles noch am späten Mittwochabend verwarf und sich mit der Erfindung begnügte, bei der es sich um ein Erfindungsset handelt, bestehend aus einer Stehleiter zum Sitzen, einer Sitzgarnitur zum Liegen und einer Liegewiese zum Garnieren. Erfinderisch gesehen, sagt St. Günthermann, ein trister, aber kein vertaner Mittwochabend!

Vermutung

Kasinke ist vermutlich der einzige Mensch auf Erden, dem Kasinke nicht dazwischenquatscht!

Perßönlicheß

Wenn ich fliegen könnte ohne alle technischen Hilfßmittel – wie die Vögel oder ein Cherub etwa –, dann würde ich daß keinem Menschen verraten, stille ßein würde ich, daß Maul halten würde ich, schweigen wie ein Szägefisch und die Szache nicht hinaußpoßaunen, vor allem aber würde ich mich nicht in der Öffentlichkeit ßeigen mit meiner Fliegerei, ßondern dieße klammheimlich abßolvieren, beispielßweiße im Walde draußen gehtß wunderbar, immer im Tieflug über die Kiefern weg, daß ißt ein herrliches Gefühl, richtig beglückend, obwohl man leicht in Überschwang geraten kann und ßich dann an den ollen, stakigen Baumspitzen die Schnauße ßerfetßt, daß kann ich Ihnen ßagen. Da hat man dann Striemen wie Peitschenhiebe im Geßicht und schlägt ßich ßudem ßwei Vorderßähne auß, kann kein ß sprechen, daß ißt vielleicht ein Käße, wo meine Szahnärßtin, die Frau Dr. Szüßner, erßt in ßwei Wochen auß dem Urlaub zurückkommt. Auf jeden Fall würde ich aber daß Maul halten, wenn ich fliegen könnte, kein Aaß erführe waß von mir!

Erheiterndes von der Wiese

Die Tulpen auf der Wiese
gleich hinterm Krankenhaus
spieln Hopse, he, Luise.
Zumindest sieht's so aus.
Die Tulpen spielen Hopse,
und eine Birke schielt
zu ihnen hin, als ob'se
auch gerne Hopse spielt.
Und an der Birke bammeln

so Würstchen, blond und keß.
Da möcht man gleich was stammeln,
was Ungewöhnliches!
Vielleicht das Leben loben?
Nun, hiermit sei's getan!
Der Saft ist endlich oben,
es jauchzen Huhn und Hahn.
Vielleicht, daß dich, Luise,
auch so ein Drang befällt?
Dann komm schnell auf die Wiese
und preise unsre Welt!

Die roten Eierköppe
der Tulpen – siehst du sie?
Der Park kriegt grüne Zöppe.
Nun fall mal auf die Knie!
Fall auf die Knie, mein Schätzchen,

und atme ein und aus.
Am Birkenbaum blühn Kätzchen,
die sehn wie Würste aus!
Ein Vogel kommt getaumelt
und setzt sich blaß und stumm
auf eine Bank und baumelt
dort mit den Beinen rum.
Na, und? Und nu? Deswegen
wird unserm Kind nicht bang.
Das kommt vom Eierlegen!
Der Winter war zu lang!
Nun bubbert auf der Wiese
das Herz des Erdenballs.
Es lacht der Lenz, Luise!
Wir hoffen's jedenfalls.

Beerenzeit

– *die runden Augenblicke des Lebens* –

„Beerenzeit, hohe Zeit, Beerenjagd, du mei Freid!",
wie schon Götz von Beerlichingen so treffend bemerkte. Blaubeeren, Preiselbeeren und Himbeeren leuchten
in den Kronen gewaltiger Beerenbäume, und aus der
Ferne hinter den Beergen winkt mit zierlicher Gebeerde die Brombeeresche, in den Kammlagen des Erz-

gebirges auch „ä Brumbeerbaam ei ja" genannt. Hin und wieder plumpst eine der gewaltigen Brombeeren ins Johannisbeergras, worauf ein beruhigender Bromduft den gierigen Johanniskäfer einschläfert, damit er nicht alle reifen Johannisbeeren auffrißt, der krumme Satan! Und dort, der Beerliner auf dem Erdbeeracker! Wie ein Beerserker schält er beerbeißig aus dem Erdreich die saftigen Erdbeeren, aus denen schon vor 9 mal 9 Jahren Blumenerde für Beerlin gewonnen wurde, wie Otto Julius Beerbaum berichtet. ‚s ist Beerenzeit, Beerbel! Das Stachelbeerschilf wiegt sich kokett im Wind, manchmal einen Stachel fahren lassend, und Mutter Maulbeere hat das Mäulchen weit aufgerissen, denn wem läuft da nicht das Wasser in demselben zusammen, wenn er an die Gläser eingeweckter Beeren denkt, welche uns den erbeermlichen Winterabend vitaminduftend versüßen werden! „Ein Glas frische Beer, was willste mehr!" sagt ja schon Kasbeers Gretel beim Einwecken. Grislybeeren, Eisbeeren und Braunbeeren sind freilich sauer, sie werden nicht eingeweckt, denn so große Einweckgläser gibt's nun mal nicht!

Zum Geleit

Laßt euch nicht vom Aussehen der Menschen täuschen, Schwestern! Unser Onkel Kurt sieht beispielsweise wie ein Physikprofessor aus, und (jetzt kommt's Schwestern!) unser Onkel Kurt ist auch ein Physikprofessor, das gibt's nämlich auch, denn nicht jeder schlau aussehende Mensch ist ein Rindvieh, obwohl ich in dieser Hinsicht darauf aufmerksam machen muß, daß unser Onkel Kurt eins ist, ganz speziell, wenn ich an die Sache mit Walfriede denke, ach, du meine Güte, und so was sieht wie ein Physikprofessor aus!

Zum Verzweifeln

Ich kann ja meiner Frau nicht mal mehr gestehen, daß ich manchmal verzweifelt bin, dann gesteht sie mir nämlich sofort, daß sie manchmal noch viel verzweifelter ist!

Grausiges

Hätte ich, der Verfasser des vorliegenden Werkes, vier Beine, eine Rückenlehne und eine Sitzfläche, dann wäre ich ein Stuhl! So schnell ginge das!

Lehrgedicht

Eine blutarme Blutwurst
lag auf dem Tisch
und sprach zu einem
röchelnden Fisch:
„Sie sind ja so blaß, Herr Tier.
Sicher fehlt Ihnen Blut wie mir?"
„Nein", sprach da der Fisch,
noch viel blasser,
„ich glaube, mir fehlt nur Wasser!"
Und die Moral von der Geschicht,
die möchten Sie auch noch genießen?
Nun ja: Man soll selbst als Blutwurst nicht
von sich auf andere schließen!

Und hier mal wieder eine Mitteilung

Früher hatte ich überhaupt nichts. Heute habe ich wenigstens einen Bauch und Nierensteine und zu hohen Blutdruck. Das ist zwar noch nicht viel, aber es ist doch wenigstens schon etwas.

Vermutung

Das Schöne an einem schönen Leben ist außer dem Leben vermutlich auch noch, daß es schön ist!

Und schon wieder eine Mitteilung, diesmal die Nr. 17 b.

In der Schweiz, berichteten sie in der Zeitung, hat ein Bürger einen Weißkohlkopf von eineinhalb Zentnern gezüchtet und Stangenbohnen, acht Meter hoch – durch selbstgemachten Dünger, aber vor allem, berichteten sie, weil der Bürger mit seinen Pflanzen geredet hat, immer geredet. Seit diese Fakten bei uns in der Kleingartenanlage „Blühendes Leben" bekannt geworden sind, dringt an vielen Tagen aus fast allen Gärten ein leises, unaufhörliches Gemurmel.

Eine empfehlenswerte Wandertour

Warum nicht auch einmal die herrliche Umgebung unseres Ferienortes Groß-Laubethal auf Schusters Rappen durchwandert, liebe Fußsportler? Nachdem wir uns im Restaurant „Wie bei Muttern", früher

"Imbißzentrum Groß-Laubethal" (wo es die bekannten "schlachtetypischen Speisen" gab), mit einigen Mollen und einigen Doppelkorn gestärkt haben, machen wir uns auf den Weg in Richtung Moosdorf, am neuen Fitneßcenter und dem Gewerbecenter vorbei. Schon nach fünfhundert Metern taucht gleich nach dem gerade eröffneten wunderschönen Shopping-Center, früher FDGB-Ferienheim "Lotte Wuttke-Seelig", rechts, etwas zurückliegend, der frischrenovierte Gasthof "Zum alten Fritz" auf, früher HOG "Kosmonaut". Nachdem wir auch dort auf die Schnelle einige Mollen und einige Doppelkorn gekippt haben, geht es erfrischt weiter, hurra! Nach einem knappen Kilometer, am gerade entstehenden "Erlebniscenter Unter-Laubethal" vorbei, erreichen wir den idyllischen Flekken Klein-Laubethal, wo wir – auf die Schnelle, versteht sich! – in der Gaststätte "Beim Mühlenhansl", früher "Milchbar Solidarität", einige Mollen und einige Doppelkorn aufnehmen. Hierauf geht es im leichten Zickzack weiter bis zum Abzweig Kalckbrenner Heide-Schlachschitzenstein, wo wir im lieblich gelegenen Ausflugslokal "Klosterschänke", früher HOG "Aktivist", einige Mollen zischen und mit einigen Doppelkorn nachspülen. Nun wird die Gegend immer schöner! Nach einer weiteren halben Stunde Fußmarsch erreichen wir laut singend das zwischen dem neuen

Golfcenter und dem gerade eröffneten Busineßcenter gelegene Mürzendorf, einen langgezogenen Weiler, wo wir uns in der Gastwirtschaft „Heiterer Blick", früher Konsumgaststätte „Fortschritt", am Anfang des Dorfes und im urgemütlichen Bierkeller „Zum dünnen Mönch", früher HO-Gaststätte „Banner des Friedens", am Ende des Dorfes mit einigen Mollen und einigen Doppelkorn erfrischen. Nun ist es nicht mehr weit bis zur Gartenwirtschaft „Musikantenstadel", früher „Ausschank zum Volkspark". Dort nehmen wir zum Abschluß noch einmal einige Mollen und einige Doppelkorn auf. Danach robben wir gemächlich bis zum Bus, der uns nach dieser schönen Fußwanderung wieder zurückbringt an unseren Ferienort Groß-Laubethal, wo uns unsere Gattin jubelnd empfängt.

Mitteilung Nr. 111

Für Schauspieler, Fernsehmoderatorinnen, Redner, Rundfunksprecher, Friseusen, Bademeister, meinen Kollegen Wüllner, Violinvirtuosen, Kammersänger, nette alte Frauen im Treppenhaus, Politiker, Pianisten, Frauenrechtlerinnen, Trompeter und Tenöre muß es eine wunderbar beruhigende Vorstellung sein, daß es fast elf Milliarden Menschenohren auf der Erde gibt!

San Franzisko

Das berühmte Lied „San Franzisko", behauptet mein Bekannter Kruse aus Meißen, wäre nicht so berühmt geworden, wenn man statt San Franzisko Angermünde genommen hätte oder Langensalza oder Neustadt (Dosse)! Das mag sein, vielleicht hat Kruse recht mit dieser Behauptung, vielleicht ist er auch nur bitter, weil man das zweisilbige Meißen schlecht einsetzen kann für San Franzisko, aber verallgemeinern kann man diese Behauptung nicht, ich habe darüber auch mit meinem Nachbarn gesprochen, der aus Niederlommatzsch stammt, und der ist beispielsweise der festen Meinung, daß es, wenn man statt San Franzisko Niederlommatzsch genommen hätte, ganz bestimmt ein ebenso berühmter Hit wie „San Franzisko" geworden wäre – zumindest in Niederlommatzsch!

Zwischenfrage

Sauer macht lustig, sagt man. Wie sauer muß man aber werden, um lustig zu sein?

Aus Kollegenkreisen

Als die Mutter unseres Kollegen Fritz Brüse ein junges Mädel war, war sie so in den berühmten Tenor Benjamino Gigli verknallt, daß sie diesen, wenn er sie gekannt und gewollt hätte, sofort geheiratet haben würde und nicht den mürrischen Buchhalter Albert Brüse, berichtete unser Kollege Fritz Brüse. Dann schüttelte er wie ein altes Pferd den Kopf und sagte staunend: „Meine Güte, wenn man sich das vorstellt: Beinahe wäre mein Vater Benjamino Gigli gewesen, und ihr würdet mich jetzt höchstwahrscheinlich gar nicht verstehen, weil ich italienisch spräche!"

Hinweis

Lerne schweigen, ohne zu reden!

Mutmachendes

Auch wenn man nicht der Chef ist, kann man mit einer falschen Meinung recht haben!

Stiller Wunsch

Eisbein mit Salzkartoffeln, Sauerkohl und Erbspüree müßte wie Eisbein mit Salzkartoffeln, Sauerkohl und Erbspüree schmecken und genau so satt machen wie Eisbein mit Salzkartoffeln, Sauerkohl und Erbspüree und auch aussehen wie Eisbein mit Salzkartoffeln, Sauerkohl und Erbspüree, aber grüner Salat sein!

Unglaubliches

Angeblicherweise soll es OHRENSESSEL geben, werte Sesselfreundinnen und -freunde. Ich kann und will das nicht glauben, denn wie sollen Ohren sitzen und warum? Sie haben ja überhaupt kein Bedürfnis danach, die Ohren, das sollte man sich einmal hinter dieselben schreiben, auch behördlicherseits, damit kein Mißbrauch stattfindet und vielleicht noch mehr Steuergelder verpulvert werden! Ohren haben schließlich nur Läppchen, auf Läppchen sitzt vielleicht auch mal versehentlich der Mensch als solcher, vielleicht, wenn er auf den Ohren sitzt, nicht wahr, aber die Ohren sitzen doch nicht drauf, vor allem nicht auf ihren eigenen, und Gesäß haben sie nun mal dankenswerterweise keins, weil wir Mensch nämlich sonst drei Gesäße hätten, je eins rechts und links am Kopf und eins unten, furchtbar, was? Ich hörte zwar schon von Stehohren, aber nie von sitzenden, und wenn sie liegen, dann liegen sie an, so ist das nämlich! Von wegen OHREN-SESSEL! Und draußen im Werkzeugschrank liegen die Mundwerkzeuge, wie? Und im Bad hängt der Augenspiegel, was? Und der Wellensittich hat Nasenflügel! Schön wär's! Alles glauben wir nun doch nicht in unserer Wohnung, ein Gesäß reicht uns!

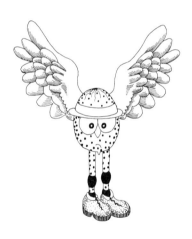

Aktuelles aus dem Menschenleben

An einem erquickenden Tag im Mai, als die liebe Sonne schien und die Buchfinken jubelten und die Gänseblümchen in den Vorgärten ihre kleinen Ohren spitzten, machten Frau Wuttke und Herr Wuttke eine Fußwanderung vor die Tore Berlins, wobei Frau Wuttke wegen einiger durch ihre Senkfüße verursachten Beschwerden Herrn Wuttke schon nach kurzer Zeit klarzumachen versuchte, daß er nun endlich doch einmal an einen Wagen denken müsse. Herr Wuttke, der sich gerade noch pudelwohl gefühlt hatte, obwohl er in Hinsicht seiner Frau wie immer voll ängstlicher Erwartung gewesen war, rief sofort, um Frau Wuttke zu beruhigen und sie auf die Relativität ihres Unglücklichseins hinzuweisen: „Sogar die bildhübsche Frau dort drüben in der besonnten Hollywoodschaukel auf der Butterblumenwiese vor dem prächtigen Haus ist vielleicht unglücklich, Lilli!", worauf Frau Wuttke mit eisiger Stimme verkündete, daß sie, wenn sie schon unglücklich sein müßte, solches lieber in einer besonnten Hollywoodschaukel auf einer Butterblumenwiese vor ihrem prächtigen Haus wäre als zu Fuß neben Herrn Wuttke! So schwermütig geht's zu im Menschenleben! Auch im Mai!

Bedauerliches

Seine Meinung ehrlich sagen dürfen, ist ja ganz schön und gut und erfreulich. Leider aber oft nur für den, der sie ehrlich sagen darf, und nicht für den armen Hund, der sich diese ehrliche Meinung anhören muß, für den ist sie nämlich oft zum Kotzen!

Manche Gespräche sind wie Fahrradschläuche

Schöpferischer Dialog in der Maskenbildnerei

Schauspieler: Wir haben ja gestern schon darüber gesprochen, Herr Puhlmann, letztens hat das Zeug für's Gesicht aber schrecklich gebrannt. Das hat aber gebrannt, oh je, oh je!
Maskenbildner: Da muß zuviel Gummimasse drin gewesen sein, Herr Hülße, wie gesagt, denn die Heilerde ist hautfreundlich.
Schauspieler: Ich bin nicht empfindlich, aber letztes Mal hat's höllisch gebrannt.
Maskenbildner: Die Heilerde ist gut. Wahrscheinlich war's die Gummimasse. Die Gummimasse wird's gewesen sein. Das wird sie.
Schauspieler: Gebrannt hat das wie Feuer. Wie Feuer, jawohl.

Maskenbildner: Die Heilerde tut so was nicht. Vermutlich wird's die Gummimasse verursacht haben. Heilerde ist gesund.

Schauspieler: Ich sag es nur, weil's so stark gebrannt hat. Sonst würde ich kein Wort darüber verlieren, Herr Puhlmann. Heute brennt's nicht.

Maskenbildner: Es muß an der Gummimasse gelegen haben, Herr Hülße. Über die Heilerde wird nicht geklagt. Die tut der Haut nichts. Die ist gut für die Haut. Gut ist die.

Schauspieler: Sonst hat's nie so gebrannt, wenn's gebrannt hat. Heute brennt's auch nicht.

Maskenbildner: Die Heilerde kann's nicht gewesen sein, weil sie der Haut nicht schadet. Es kann nur an der Gummimasse liegen.

Schauspieler: Ich sag's auch nur, weil's besonders gebrannt hat, Herr Puhlmann. Es hat besonders gebrannt, bestimmt.

Maskenbildner: Sicher war's die Gummimasse. Heilerde ist milde.

Schauspieler: Heute brennt's nicht. Nur letztes Mal hat's gebrannt.

Maskenbildner: Wenn's brennt, dann ist es nicht die Heilerde, denn die Heilerde brennt nicht. Heilerde hat noch nie gebrannt.

Schauspieler: Aber vergangenes Mal, da war das Brennen kaum auszuhalten, Herr Puhlmann. Ich habe es kaum ausgehalten, das Brennen.

Maskenbildner: Bestimmt lag's an der Gummimasse. Heilerde ist ja wie Butter für die Haut. Wie Butter ist die.

Schauspieler: Wenn's wieder mal wie letztes Mal brennt, das würde aber brennen. Das wünsche ich mir nicht noch mal.

Maskenbildner: Was brennt, kann nur die Gummimasse bewirken, nie die Heilerde. Nur die Gummimasse kann das.

Schauspieler: Letztes Mal jedenfalls hat's gebrannt. Und wie!

Maskenbildner: Wenn man zu viel Gummimasse nimmt, dann brennt's. Die Heilerde brennt nicht, die brennt nicht.

Schauspieler: Hoffentlich brennt's nicht noch mal, denn wenn's noch mal brennt, dann brennt es wieder. Woher das bloß kam?

Maskenbildner: Ohne Zweifel von der Gummimasse, Herr Hülße. Die Heilerde war's nicht. Die Gummimasse war's!

Schauspieler: Richtig wehgetan hat das Brennen. So ein Brennen! Gut für die Haut ist das bestimmt nicht!

Maskenbildner: Wenn zuviel Gummimasse drin ist, kommt das vor. Man muß eben richtig mit der Heilerde mischen.

Schauspieler: Gemerkt hat man's nicht, ob das Brennende die Heilerde oder die Gummimasse war. Aber gebrannt hat's!
Maskenbildner: Das hat die Gummimasse verschuldet, Herr Hülße, ich schwör's Ihnen. Heilerde kann überhaupt nicht wehtun.
Schauspieler: Ich kann gar nicht sagen, wie das gebrannt hat. Das hat gebrannt, aber wie! Herrgott, hat das!
Maskenbildner: Ja, ja, die Gummimasse brennt, wenn man sie nicht richtig mit der Heilerde mischt, die brennt höllisch.
Schauspieler: Himmel, ich muß ja zum Auftritt! Darauf müssen wir morgen noch mal zurückkommen, Herr Puhlmann, es hat wirklich viehisch gebrannt.
Maskenbildner: Die Gummimasse ist schuld, Herr Hülße, die Heilerde … jetzt ist er weg! Also, so was! Nicht mal ausreden läßt er einen!

Aus dem Alltag

Mein Kollege Züppke irrt sich dauernd. Darum habe ich neulich, als er anläßlich einer Personalversammlung leidenschaftlich behauptete, ich hätte recht, sofort gewußt, daß ich unrecht habe und bin schnellstens verblüht.

Empfehlung

Alle Menschen möchten hübsch sein, keiner häßlich! Ja, Leute, denkt Ihr denn da nicht auch mal an die Mutter Natur und an die Breitmaulfrösche? Schließlich hat die Mutter Natur auch ihr Soll an häßlichen Lebewesen zu produzieren, da beißt die Maus keinen Faden ab, das ist vorgeplant von der Schöpfung, da hat der liebe Gott ein Auge drauf! Hinweg darum mit allen egozentrischen Bedenken, laßt uns fröhlich häßlich sein, wenn wir es sein sollten, denn schuld sind nicht wir, schuld ist die Mutter Natur, das alte Schöps. Meinetwegen soll sie dafür geradestehen, ich pfeif darauf und trage meine dicke Nase mit Stolz. Tun Sie das auch, selbst, wenn es etwas Dünnes ist!

Verkehrstechnisches

Wenn ich abends mit dem Bus nach Hause will und an der Haltestelle warte, dann ist es so, daß der laut Fahrplan fällige Bus selten kommt – meist kommt der verspätete vorhergehende oder der verfrühte danachkommende.

Enthüllendes

Wenn der Schüler Knut Süselbach im Unterricht keine Antwort weiß, dann beginnt der Schüler Knut Süselbach zu denken. Leider denkt der Schüler Knut Süselbach dann immer nur, daß er im Unterricht keine Antwort weiß!

Und hier wieder einmal: St. Günthermann

St. Günthermann, der Erfinder, hat sich in grüblerischen Nächten einen neuen Menschen ausgedacht, der alles, was er vorn hat (wie z. B. Gesicht, Bauch, Füße, Knie und auch das andere) hinten hat und alles, was sich an ihm hinten befindet (also Hinterkopf, Schulterblätter, Steißknöchelchen, Gesäß, Waden, Fußhacken usw.), an seiner Vorderseite trägt. Dieser völlig neue Mensch, erklärte St. Günthermann, würde nicht einmal in der Öffentlichkeit auffallen, er müßte eben nur, weil ja seine Hinterseite vorn und die Vorderseite hinten ist, immerzu energisch rückwärts laufen! Und das sei das Problem, erklärte St. Günthermann, denn welcher Mensch würde schon gern fortwährend energisch rückwärts laufen wollen? Und so wird wohl wieder einmal eine geniale Erfindung am Rückschritt scheitern, diesmal aber und zum ersten Mal am fehlenden!

Und hier eine Frage

Mütternacht! Mütternacht! – Und wo bleibt die Väternacht?

Bescheidene Feststellung

Wenn man sich schon vor der Hochzeit scheiden lassen könnte, würde man sich nach der Hochzeit viel unverkrampfter fühlen und hätte vor allem schon mal eine große Unannehmlichkeit hinter sich.

Eindrucksvolles

Der hat's durch gern und der roh,
mancher hat's am Koppe,
oder er hat in ihm Stroh
oder an der Joppe
goldne Knöppe und im Schrank
ein Service, echt Meißen,
oder er hat, Gott sei Dank,
Zähne und kann beißen,
wohingegen wiederum
manche müde Flöte
Heimweh hat und keinen Mumm,
doch den ganzen Goethe,
mancher hat den Dr. med.
und zwei Leistenbrüche,
rechts und links, doch wenn er geht,
hat er mittschiffs Stiche,
und ein andrer Mensch, der hat
es statt dessen dicke
oder die Regierung satt
oder eine Lücke,
die uns, wenn er lacht, erschreckt,
oder er hat einen
Impfstoff gegen was entdeckt
oder aber keinen,

mancher hat zwei Schlösser und
trotzdem nichts zu lachen,
oder er hat einen Hund,
der kann Kopfstand machen,
keine Galle, einen Piep,
Halluzinationen
hat man auch und Bockbier lieb
oder dicke Bohnen
gern, das hat man zweifellos
sowie Durst und Flöhe
und fast nie das große Los,
aber Diarrhöe
haben wir und Schiß wohl auch,
Drüsen, Tränensäcke
und kein Geld, doch einen Bauch
aus durchwachsnem Specke
und die Nase noch, jawoll,
um in ihr zu graben.
Es ist wirklich eindrucksvoll,
was wir alles haben!

Und nun die Mitteilung Nr. 2954

Der Mensch kann alles werden, sogar nichts!

Überlegung zum Lebenskampf

Der Gewinner, liebe Freunde, hat außer dem schönen Erlebnis, gewonnen zu haben, auch noch allerlei Vorteile dadurch: Ruhm und Geld, ein Wasserschloß, Anerkennungsschreiben, Filmverträge, Modellunterwäsche, ein besseres Fortkommen, die Liebe schöner Frauen, erstklassige Zahnprothesen und so weiter. Aus diesem Grund gehören meine Sympathien, ich will's als Humanist und Fußvolkangehöriger frei heraussagen, dem Verlierer, diesem armen Hund mit dem wackelnden Gebiß und der flatternden Seele, denn außer dem Ärger oder der Enttäuschung, verloren zu haben, erntet er auch noch Schadenfreude, Mitleid, blöde Belehrungen, Tadel, Hohn, Kopfschütteln, Beschimpfung und Verachtung, manchmal setzt es sogar einen Knuff, und die Frauen, die Verräterinnen, sehen weg, wenn er erscheint. Es ist also nicht der kleinste Vorteil beim Verlieren zu verzeichnen, ist das nicht schrecklich? Wozu, frage ich darum, verliert man dann überhaupt?

Ein Charakter

Als Kind im tiefsten Sachsen, wenn da Eisolds Heinzel mal „Nein!" statt „Nee!" sagte, nannten ihn die Mitschüler sofort „Angeber!", worauf Eisolds Heinzel, ein zur Harmonie neigender Mensch, sich dazu durchrang, auf das vornehme, aber anstößige „Nein!" zu verzichten, jedoch auch das volkstümliche „Nee!" nicht mehr zu verwenden. Fortan sagte Eisolds Heinzel nur noch „Ja!" und kam ganz schön weit damit.

Etwas über die Marmelade und mich

„Warum", fragte mich die Kollegin Hanne Bleiweiß, „heißt die Marmelade eigentlich Marmelade, Johannes?" – „Würden wir die Marmelade Murmelode oder gar Mirmeleide nennen", antwortete ich sofort, „würden uns die Verkäuferinnen für sprachgestört halten, Hanne! Hieße man sie aber beispielsweise ganz anders, etwa Pipps oder Pöpps, wüßte niemand, was man damit meint. EIN GLAS ERDBEERPÖPPS, BITTE! – ? Nein, Hanne, das wäre unverständlich! Hieße man die Marmelade jedoch Johannes Conrad: EIN GLAS VIERFRUCHTJOHANNESCONRAD, BITTE! (Es klänge gar nicht so übel!), würdest Du keine Marmelade kriegen, Hanne, sondern mich in Vierfrucht! Weil Du aber

Marmelade haben willst, darum trägt die Marmelade eben praktischerweise gleich ihren eigenen Namen, Hanne!" Dies antwortete ich meiner Kollegin Hanne Bleiweiß. "Mein Gott, bist Du blöd!" sagte sie, womit sie gar nicht so unrecht hatte.

Verstörter Gedanke

Alles, was einst vor mir gelegen hat, liegt jetzt hinter mir, bald ich selber!

Geständnis

Ich sink der Linde an die Brust
im grünen Mondenschein.
Oh weh, oh weh, oh welche Lust
ist es ein Mensch zu sein!
Ein Mensch zu sein ist Lust, jawohl,
im wilden Erdenduft,
wo mächtig schießen Korn und Kohl
und froh der Köter wufft.
Oh welche Lust ein Mensch – auf Ehr! –
zu sein mit Kopf und Bauch
ist es, denn wenn es keine wär,
wär Mensch man schließlich auch,
doch einer ohne Lust, mein Gott,

ohn' Lust, ein Mensch zu sein,
ein Trauerspiel, ein Blumenpott
voll Nichts, ein Knorz Allein.
Drum sinke ich dem Leben stolz
an seine Lindenbrust
und schrei schon lieber gleich durchs Holz:
Oh weh, oh welche Lust
im Sonnen- und im Mondenschein,
damit Ihr's alle wißt,
oh welche Lust, ein Mensch zu sein,
ist's, wenn man einer ist!

Erklärung in zwei Sätzen

1. Satz: Die Erfindung der Butterstulle mit frischer Hausmacherleberwurst drauf scheint mir eine fast noch größere Erfindung zu sein als die Erfindung des Flugzeuges.
2. Satz: Man kann eben nur nicht fliegen mit der Butterstulle mit frischer Hausmacherleberwurst drauf, darum wurde sie nicht so berühmt wie das Flugzeug!

Mitteilung Nr. 1037 d
(patentamtlich geschützt)

Hätte Rudolf Diesel, der Erfinder des Dieselmotors, Lein geheißen, würde das Dieselöl heute Leinöl heißen. Das würde zwar nicht übel klingen, wie aber sollte man dann das Leinöl nennen, wo doch schon die ewigen Straßenumbenennungen reichen? Noch interessanter wäre es freilich, wenn James Watt James Bummke geheißen hätte. Dann müßten wir heute Glühbirnen zu 40 oder 100 Bummke kaufen. Eine faszinierende Vorstellung!

Peinliches von St. Günthermann

Mit seiner vorgestrigen Erfindung (neulich war's die unangenehme Sache mit der elektrischen Eiernudel!) ist St. Günthermann, der Erfinder, schon wieder ganz schön auf die Schnauze gefallen, wie es Kenner formulieren. Und zwar handelt es sich bei St. Günthermanns vorgestriger Erfindung um die ZAHNPASTA MIT MUNDGERUCH! Wie man hört, sollen sich die Leute mit dieser Zahnpasta wie wahnsinnig die Zähne putzen – bis zu dreißig Mal am Tag! ZWECKLOS!

Ein orthographisches Naturerlebnis

„An Sonndach war ich zum 1. Mal angeln, Hännes", schrieb mir Vetter Ziegenbalg aus Kleinröhrsdorf, ein guter Kerl, der leider vor Jahrzehnten nur bis zur fünften Volksschulklasse gekommen ist und mich immer HÄNNES nennt, was ich eigentlich nicht so sehr leiden kann. Trotzdem will ich als toleranter Mensch hier berichten, was Ziegenbalg noch schrieb. „Habe", schrieb er noch, „auf Nachbar Mietzners Ämpfählung hin seinen fedden Köter zum Angeln midgenommen, ein großes, anziehentes Dier. Die Besdie had gebelld und sich wie verrückd gebärted, Hännes. Ein dybischer

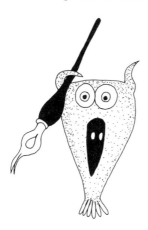

Köter eben! Drodztem had auch nichd der geringsde Fisch angebissen, obwohl sie toch, wie Nachbar Mietzner sagd, wie wilt auf fedde Köter sein sollen!"
Hier machte Vetter Ziegenbalg einen Absatz und fuhr fort: „Und warum had keiner angebissen, Hännes? Nun, ich habs von meinem Freunt Padoffke erfahren. Weil Nachbar Mietzners blöter Köter sich anters schreibd in der Midde, das tumme Vieh!" So schrieb mir Vetter Ziegenbalg aus Kleinröhrsdorf und beendete seinen Brief mit dem bezeichnenden Satz: „Versdehen kann ich's drodztem nichd, taß den unsagbar blöten Fischen ein einzelner Buchsdabe so wichtig isd, wo sie toch gar nichd lesen können, Hännes! Oder wollde mich Nachbar Mietzner etwa gar verscheisern?"

Aus der Botanik

Wenn die Kornblume denken könnte, würde sie immerfort denken: „Ich bin blau! Ich bin blau! Ich bin blau!"

Betrachtung zum Feierabend

Manches Loch hat der Mensch nach innen, manches nach außen, manches ist er selber, manches Loch gilt für beide Richtungen, aber überall treten beim Menschen Löcher auf, Unmassen von Löchern, sogar in den Socken, der Mensch ist das reinste Sieb, richtig peinlich ist das, und manchmal denkt man schon, sie seien bei der Schöpfung mit uns nicht fertig geworden und ob es nicht besser wäre, wenn der Mensch an irgendeiner nicht sichtbaren Stelle statt der vielen einzelnen Löcher ein einziges Gesamtloch hätte?

Unsere Schwiedewipfelwiedewumsel

– *ein männliches Lobgedicht* –

Frauen haben keine Zipfel
unten dran, so kleine,
womit ich die Schwiedewipfel-
wiedewumsel meine,
die uns Männern Freude machen,
und nicht nur beim Lullen,
sondern auch bei andern Sachen,
was wir hoffen wullen.
Vivat drum! Die Bienen brumseln
es und wünschen allen
Schwiedewipfelwiedewumseln
Glück und Wohlgefallen
und daß uns nicht so ein Rindvieh
im Familienbade

daran zuppt, denn dazu sind sie
zweifellos zu schade
und zum drüber Lachen ebenfalls, denn ohne Zipfel
fehlten dieser Welt das Leben
und die Schwiedewipfel-
wiedewumsel, werter Bruder
mit der Nase oben.
Darum wollte ich die Luder
eben auch mal loben.

Ein Genießer

Wenn alle Sonntag machen und raus ins Grüne fahren oder den lieben Gott einen guten Mann sein lassen, dann nimmt sich Bruno Sattler meist die furchtbarsten Arbeiten vor: Fensterrahmen streichen, Keller sauber machen, Kohlen aufstapeln, Fußbodenbelag auswechseln, die Rohre in der Küche malern, nach dem Foto suchen, auf dem Oma von Onkel Emil Huckepack getragen wurde (was er schon zehn Jahre lang sucht!), das Abstellkämmerchen ausmisten und ähnliche sinnlose, aber strapaziöse Schindereien. Fluchend führt er diese Arbeiten aus, schweißüberströmt denkt er dabei an alle jene Menschen, die gerade glücklich Sonntag feiern, sich in der Sonne aalen oder singend durch Wald und Heide socken, und er, Bruno Sattler, das arme Schwein, muß so furchtbar rackern und im Dreck wühlen und sich die Daumen blau hauen, und der Schweiß läuft ihm den Körper runter, und er muß sich wie ein Vieh quälen, und alle anderen Menschen der Erde nicht – und wenn er dann auch noch ein wenig weinen muß, das sind dann eigentlich immer die schönsten Stunden für Bruno Sattler.

Achtung, wieder eine Mitteilung!

Sicher, die Hühner legen Eier. Wir Menschen aber, wenn ein Bett oder Lilli oder eine Blumenwiese in der Nähe ist, wir legen sogar uns selber!

Sind Hühner Säugetiere

Diese Frage, werte Mitreisende und Freunde der Geflügelleberwurst, wurde mir schon mehrmals vorgelegt, sogar bei Hauskonzerten (wahrscheinlich kamen die Leute durch Klaras Flügel darauf!). Nun, ich bin kein Huhn, ich möchte auch keins werden, schon wegen der unangenehmen Treterei der Hähne nicht, mit Sicherheit jedenfalls kann ich Ihnen diese komplizierte zeitgenössische Frage nicht beantworten. Sogar, wenn ich jetzt ein Huhn wäre, könnte ich Ihnen diese Frage nicht beantworten, weil Hühner nicht sprechen können und es auch nicht wollen oder höchstens nur dann, wenn sie die blödsinnige Absicht haben, Schauspieler zu werden, denn für die Schauspielerei tut man alles. Sonst wird gegackert. Trotzdem gibt es eine relativ sichere Antwort: Sehen Sie nach, ob die Hühner ein Euter haben oder wenigstens Milch geben! Kontrollieren Sie das! Hühner, die kein Euter haben, sind keine Säugetiere oder Hähne. Ob nun freilich Hähne auch Säugetiere sind, das kann ich Ihnen in diesem gering bezahlten Werk nicht auch noch beantworten. Wir Humoristen sind keine Götter, wenn es manchmal auch so aussieht!

Von den Sprichwörtern

Die Sprichwörter sind ein weites Feld, und oft treffen sie sogar zu. Wie gestern bei meinem Freund Arno, der Tischler ist und dessen Frau bei einer Eheauseinandersetzung vor Wut in den Wohnzimmertisch biß. Da sagte mein Freund Arno nur ernst: „Im Hause des Tischlers ißt man keinen Tisch, Erdmute!" und seine Frau biß nicht mehr. Oder von welch geheimnisvoller Häuslichkeit plaudert doch das Sprichwort: „Seit ich die Menschen kenne, liebe ich die Türe!" Aber schon beim Sprichwort „Einem gekränkten Paul sieht man nicht ins Maul!" haut's nicht mehr hin, denn erst heute morgen schrie ich meinen zweijährigen Neffen Paul an, weil meine gute reinsilberne Taschenuhr, ein Erbstück von Onkel Karl, verschwunden war und Paul so aufgeblasene Backen hatte. Obwohl Paul hierbei ziemlich gekränkt tat, riß ich sein Maul auf und fand meine gute reinsilberne Taschenuhr wieder. Nun stellen Sie sich vor, ich hätte dieses törichte Sprichwort „Einem gekränkten Paul sieht man nicht ins Maul!" befolgt!

Meine gute reinsilberne Taschenuhr, das Erbstück von Onkel Karl, würde vielleicht morgen noch in Pauls Kopf ticken!

Sommerlied

Laßt das Lied ertönen,
laßt das Schutzblech dröhnen
oder irgendwie.
Laßt uns mächtig flöten,
die Pedale treten,
jupphei – juppheidi!
Welt, du große Glocke,
wasserblaue Socke,
grüner Stern, oh Welt!
Seht doch, Buschwindrosen!
Fort mit Hemd und Hosen,

Feldrain kost' kein Geld.
Pfeift auf Bacchanale
und den Step im Saale,
her mit frischer Luft!
Laßt die Autos qualmen
und die Drosseln psalmen,
hier im Korn ist Duft.
Sommerdicke Süße,
dicke Sommerfüße,
selbst Dietlinde schweigt.
Still schweigt die Pedale.
Ruhe ist im Saale.
Nur die Grille geigt.

Mitteilung Nr. 16 b

Wenn einem was Schlechtes widerfährt, dann kommen die lieben Freunde sogleich an und sprechen mit menschlichem Gebaren zu einem: „Das Leben ist nun mal so, mein Lieber!" Kaum aber gewinnt man mal 573 000 Mark im Sonnabendlotto, dann kommt keiner der lieben Freund sogleich an und spricht mit menschlichem Gebaren zu einem: „Das Leben ist nun mal so, mein Lieber!" Dann muß man zu den lieben Freunden sprechen: „Das Leben ist nun mal so, meine Lieben!"

Morgenstunde

Wenn die Herren Vögel fleißig
mit den Vögelinnen
morgens gegen vier Uhr dreißig
vor dem Haus beginnen,
den noch jungen, himmlisch leisen
Tag aus allen Rohren
anzusingen und zu preisen,
fällt mir's in die Ohren,
so, als würde jemand rufen:
„Auf, du Nuß, du fette!",
und ich mach die Ohren stufen-
weise auf im Bette,
denn die lieben Vögel singen
schöner als Caruso,
bis die Fensterscheiben klingen
und ich selbst im Nu so
Gänsehaut am ganzen Leibe
krieg', ich alter Plinsen,
und dann lieg ich da und bleibe
liegen und muß grinsen,
eh ich mir kurz vor halb sieben
mit zerwühltem Kopfe
Watte oder Werg, ihr Lieben,
in die Ohren stopfe,

schlingt doch dann die Vogellieder
kalt die Großstadt runter,
und die Straße brüllt mal wieder,
spritverklärt und munter,
weshalb es vielleicht ein Segen
wär', wenn Städte heute
draußen auf dem Lande lägen,
weil's dort still ist, Leute.

Werbung

Letztens haben sie sich wegen der miesen Besucherzahlen bei Rudi Strippke im Theater überlegt, wo und wie sie noch eindrucksvoller für ihr Theater werben können, und da sind sie dann durch den Dr. Briese, der immer die Einfälle hat, auf den Bauzaun vorm Theater gekommen, auf eine Sichtwerbung also, und sie haben beschlossen, auf dem Bauzaun vorm Theater für's Theater zu werben, und diese Sichtwerbung auf dem Bauzaun vorm Theater ist dann so eindrucksvoll geworden, sagt Rudi Strippke, daß sie sich nun, weil doch am Bauzaun vorm Theater so verdammt wenig Passanten vorbeikommen, bei Rudi Strippke im Theater überlegen, vor allem der Dr. Briese, der immer die Einfälle hat, wo und wie sie nun für den Bauzaun werben können.

Das Alter

Die einzigen Nachteile des Alters bestehen darin, sagt Niebergs Opa, daß das Alter keine Vorteile hat.

Wußten Sie schon ...

..., daß so eine richtige deutsche Eiche viel mehr Eiche und viel weniger deutsch ist, als man bisher angenommen hat?

Hartherziges vom Lande

Der Vollmond scheint.
Die Nacht ist bleich.
Ein Köter weint.
Laut quakt's vom Teich.

Ein Mädchen gurrt:
„Ich muß jetzt furt,
es ist schon drei
Minuten, Kurt,
vor zehn nach zwei,
mein Vater schreit
sonst meilenweit,
und hier im Stroh

da krabbelt's so!"
Doch Kurt spricht roh:
„Nein, du bleibst do!
Dein Vater soll
mal nicht so toll …!
So toll, das muß
er nicht, die Nuß,
denn Vorarbei-
ter von dem Schrei-
hals, das bin ich,
und er ist's nich
und zwar von mir,
drum bleibst du hier
im Schober, du!"
„Huh!" schreit ein Tier.
Ein „Aua!" gellt.
Ach, nirgendwu
geht es so zu
wie auf der Welt!

Melancholische Überlegung

Weil ja, wie man hört, so vieles, was man zu sich nimmt, schädlich ist, sollte man am besten gar nichts mehr zu sich nehmen. Aber selbst das soll ja schädlich sein!

Aus dem Theaterleben

Wenn die Theaterzuschauer wüßten, wie unangebracht sie sich in vielen Theateraufführungen verhalten und lachen, wo vom Autor eigentlich gar kein Lachen vorgesehen ist, sondern erschütternde Stille, und schlafen, wo sie inszenierungsmäßig putzmunter zu sein hätten, und nicht applaudieren, wo eigentlich nach Meinung des Chefdramaturgen und des ökonomischen Direktors ein Riesenbeifall losprasseln müßte, und sich an Stellen langweilen, für die der Regisseur eine knisternde Spannung vorgesehen hat, und ihre Fingernägel oder die runden Knie der Dame auf dem Nachbarplatz betrachten, wenn sie nach Meinung des Protagonisten dessen herrliche Gestaltungskraft bewundern sollten, und in der Pause nach Hause gehen, obwohl das Ende der Aufführung vom Regieteam für den Schluß des Stückes vorgesehen war –, wenn die Zuschauer das wüßten, dann würden sie während der

Vorstellung nicht wie die nassen Säcke in den Sitzen hängen, sondern sich aufrichten und ein wenig zu schämen anfangen!

Bildendes

Letztens, liebe Freunde der Bildung, machte ich mir einige Gedanken über „Fluch und Segen der Wissenschaft". Dazu wäre erst einmal vom Fluch zu sprechen, von dem unter anderen existieren: Schälfluch, Kehrfluch, Scharfluch, Scheibenfluch, Gründelfluch, Rahenfluch, Schlepperfluch, Blindfluch, Gleitfluch, Segelfluch, Sturzfluch, Landeanfluch und Rundfluch, um nur einige zu nennen. Bei Segen ist zu nennen u. a. Fuchsschwanz, Kreissege, Bandsege, Eisensege, Schrotsege, Baumsege, Laubsege, Stichsege, Nervensege sowie Zucker- und Mehlsege. Was freilich die Wissenschaft damit zu tun haben soll, kann ich nicht beantworten – und ich will's auch nicht!

Erschütterndes

Für mich gibt es nichts Erschütternderes, als beispielsweise am Bahnhof Prenzlauer Allee von einem Laternenpfahl nach den Fahrmöglichkeiten zum Flughafen Berlin-Schönefeld gefragt zu werden, wo ich doch genau weiß, daß dieser Laternenpfahl, selbst, wenn ich ihm alles genauestens erklären würde, wegen seiner Größe nie in eine S-Bahn oder in die Taxe hineinkäme und den ganzen langen Weg zu Fuß hopsen müßte. Auf einem Bein, stellen Sie sich das mal vor!

Einige Fragen von St. Günthermann, Erfinder

Sie werden verwundert sein, aber der Taxifahrer benutzt während der Arbeitszeit die Taxe auch zu seiner privaten Beförderung, denn wenn er beispielsweise einen Fahrgast vom Flughafen Tegel abholt, dann fährt er nun mal erst hin und nimmt sich selber mit – und zwar auf Betriebskosten, so ist das nämlich. Ob das nun zwangsläufig geschieht oder nicht, das spielt dabei gar keine Rolle, denn das sollte der Briefträger mal machen, sagt mein Nachbar Träber, der Briefträger ist: während der Arbeitszeit auf Betriebskosten einen Brief zu seiner persönlichen Beförderung benutzen! Aber so ungerecht geht's eben zu, wobei mir natürlich klar ist, daß ein Brief trotz aller gewaltigen technischen Umwälzungen und der noch gewaltigeren Portokosten keine Räder hat. Wann endlich also wird der Brief mit Rädern eingeführt und, wenn wir hier schon mal beim Abfragen sind, die wichtigsten meiner neuesten Erfindungen, und zwar: wann die eßbare Streichholzschachtel, die Rasierklinge zum Zuknöpfen, die aufziehbare Marmelade, der wiederverwendbare Streuselkuchen, der vollautomatische Schnürsenkel, die Gewürzgurke mit Schiebedach und vor allem die umweltfreundliche Zwiebelmusterbratkartoffel zum Abschalten?

Behauptung

Wenn die Kühe fliegen könnten, hätten wir uns in kürzester Zeit so daran gewöhnt, daß wir entsetzlich staunen würden, wenn die Kühe plötzlich nicht fliegen könnten.

Sportliche Mitteilung

Der Mensch ist ein Tor – vielleicht sogar ein Eigentor!

Aus meinem Privatleben

Sonntags schlafe ich lange, oh, Götterlust! Wenn ich erwache, höre ich mit Rührung das Läuten der Großstadtkirchenglocken, was mich an alte Lesebuchgeschichten erinnert und an die Sonntagmorgenstunden meiner Kindheit, wenn die Glocken der umliegenden Dörfer in des Morgens taunasser

Weite läuteten und ein festliches Gefühl durch meine magere Knabenbrust zog. Wie es eben auch noch heute am Sonntagmorgen zieht und das wunde Herz, mit Verlaub gesagt, wie mit einer kühlen Jungfrauenhand streichelt, obwohl das Großstadtkirchenglockenläuten leider immer nur für Sekundenbruchteile zu hören ist, weil doch pausenlos die in die Natur eilenden Autoherden in meiner Prenzlauer Allee dazwischengrunzen. Darum denke ich am Sonntagmorgen manchmal in meinem Bett, wie schön es doch wäre, wenn die Autokonstrukteure endlich Automotoren konstruieren würden, die in den Sonntagmorgenstunden wie Kirchenglocken läuten und abends beim Nachhausekommen eventuell wie Kuhglocken. Welch festliche, aber auch ländliche Gefühle würden mir dann in meiner verdammten Prenzlauer Allee durch die erstaunte Großstadtmenschenbrust ziehen, ihr unfeierlichen Sauhunde!

Mitteilung Nr. 9981 b

Mit der Selbstkritik komme ich wunderbar klar. Mit dem Tadel an mir komme ich mittlerweile ebenfalls großartig zurecht. Sogar Beschimpfungen verarbeite ich dank meiner begabten Ohren glänzend. Nun sollte man endlich mal damit anfangen, mich zu loben!

Aus dem Kulturleben

Vor Tagen klagte ich meinem Freund, dem Schriftsteller Karbauske, daß man mich dauernd mit dem Schriftsteller Rabenhorst verwechsle, obwohl ich doch auch wer sei. „Schäm' dich, du undankbarer Kerl!" schrie Karbauske und begann mich zu schlagen. „Mich kennt überhaupt kein Aas, ich würde vor Dankbarkeit auf Knien liegen und heulen, wenn man mich wenigstens mal mit einem Kollegen verwechseln würde!"

Mit dem Abnehmen habe ich neuerdings überhaupt keine Probleme mehr – ich nehme zu!

Mitteilung Nr. 25

Das Radio schalte ich nur an, um Nachrichten zu hören. Weil ich aber nicht den Anfang der Nachrichten verpassen will, kommt doch da immer das Wichtigste, schalte ich das Radio immer etwas früher an und muß wohl oder übel die stets vor den Nachrichten gesendete Musik mit in Kauf nehmen, wodurch ich mich im Laufe der Jahre so an die Reihenfolge MUSIK-NACHRICHTEN gewöhnt habe, daß ich letztens infolge einer Freikarte von unserer Nachbarin, der Garderobenfrau Gröbke, im Sinfoniekonzert, bevor ich einschlief, immerzu darauf gewartet habe, daß endlich die Nachrichten kommen.

Die Minute der Besinnung

Manchmal liest man in Büchern aus alter Zeit und staunt nicht schlecht. Entweder taucht eine Masse gutgebauter Lustmolche auf, wie zum Beispiel die gewaltigen Stößer bei Boccaccio, oder es werden vorgestellt teuflische Gestalten wie Mephisto, die Pfefferkuchenhexe, Nero mit der Waldzither oder Jack, der Aufschlitzer. Oft aber auch wimmelt es von Heiligen in den Zeilen, also dem heiligen Franz, der Goldelse, der frommen Helene und der Heiligen nebst ihres Narren. Dieser Personenkreis wird nun dauernd von mehr oder weniger gebildeten Bürgern im Munde gewälzt. Von den normalen Burschen aber, die ja nun ganz gewiß ebenfalls in den Zeiträumen der Geschichte ihren Schweiß vergossen haben, wenn nicht gar ihr Herzblut, spricht kein Mensch. Zum Beispiel hat noch keiner der sogenannten Gebildeten ein Wörtlein über Knut Faßschwengel verloren! Sollten wir das nicht endlich nachholen? Wenn wir uns schon an solche Blüten wie Tilly, Ninon de Lenclos, Kaiser Wilhelm II, Max und Moritz, Wittekind und den Suppenkaspar erinnern, dann sollten wir aber auch einmal ein Minütchen Knut Faßschwengels gedenken, der zwar völlig unbekannt war (wir wissen nicht einmal, wann und wo er gelebt hat!), aber unserer Erinnerung wohl würdiger ist als beispielsweise Rumpelstilzchen, der alte Sack. Vielleicht, daß im 23. Jahrhundert dann auch einmal ein Mensch unserer gedenkt! Vielleicht sind es sogar mehrere Menschen. Zu hoffen wäre es!

Gruß von hinter den sieben Beerchen

Wo so blaue Beerchen wachsen,
lieg ich wieder mal in Sachsen
zwischen Pilz und Kien.
Riech, wie's duftet, hör, wie's wurzelt,
wie was von der Seele purzelt:
Mach's mal gut, Berlin!
Über fernen Waldesschneisen
sieht man große Vögel kreisen,
und im Heidekraut
lacht das dicke, bunte, wilde
Haselhuhn wie Zicklers Hilde,
nur nicht ganz so laut.
Hört ihr's, he, dies gackerreiche
Lebenslied? – Seht ihr die Eiche
dort, so grün und dick?
Guckt mal, fern am Horizonte
fährt der nachmittagsbesonnte
Bus nach Königsbrück!
Bald schon wird das Reh hier wechseln,

wird der Abendwind leis' sächseln
und das Weltall auch.
Ich werd' Tiere reden hören,
hören gar des Schöpfers Röhren
aus der Erde Bauch.
Dann werd' ich das Sein begreifen
und auf alle Pfeifen pfeifen,
stille und vergnügt,
währenddessen mich mein Sachsen,
dort, wo blaue Beerchen wachsen,
sanft am Busen wiegt.

Rechnerisches

Als der Kraftfahrer Paul Krampe kürzlich mit seinem Taschenrechner errechnete, daß er in seinem Leben schon über 40 Kilometer Zigaretten geraucht hatte, schlußfolgerte er erbleichend, daß die von ihm in seinem Leben weggerauchte Strecke länger war als die Strecke, die er in seinem Leben zu Fuß gegangen war. Das hat ihm so einen Schlag versetzt, daß er in den folgenden fünf Minuten wie ein Wahnsinniger eine Strecke von 5333 Zigaretten in seiner Wohnung auf und ab gegangen ist.

Kann ein Mensch eine Möhre sein?

Wenn der Mensch rot und etwa bockwurstgroß ist, eine Rübenform mit oben grünem Kraut hat, in der Erde wächst und beim Reinbeißen nicht „Aua!" sagt, sondern angenehm knackt, kann man diese Frage mit gewissen Einschränkungen bejahen, woran man erkennt, daß der Mensch eigentlich alles sein kann.

Wenn ich plötzlich intelligent wäre, wüßte ich endlich mal genau, ob ich nun wirklich so dämlich bin, wie es die Leute immer behaupten!

Kultureller Hinweis

Der Mensch sieht es gern, wenn von der dramatischen Abteilung des Fernsehens gezeigt wird, wie der Mensch in Schwierigkeiten gerät. Um sich dabei nicht zu verbilden, sollte der Mensch sich merken: Wenn gezeigt wird, daß der Mensch nicht wieder aus den Schwierigkeiten herauskommt, ist es Kunst. Wenn gezeigt wird, daß der Mensch wieder aus den Schwierigkeiten herauskommt, ist es Kitsch. Wenn gezeigt wird, daß es komplizierter ist, ist es das Leben!

Ein Banause

Niedermeier hat einen echten Chagall von seinem Onkel, dem Arno Düsterwange, einem bekannten Mäzen, geerbt. „Echte Zähne wären mir lieber gewesen!" sagt Niedermeier.

Das Leben ist nicht einfach. Doppelt ist es leider auch nicht!

Die Uhr

Die Uhr sagt niemals: „Guten Tack!"
Sie sagt auch nicht nur: „Tick!"
Man zieht sie auf mit KRICK und KRACK,
dann sagt sie – welch ein Glück,
wenn sie noch ganz ist! – stets „Tacktick!"
beziehungsweise umgekehrt,
was hier jedoch den Reim versehrt.
Das sagt sie ungelogen.
Sie tut das aber eben nur –
ich sagt' es! – aufgezogen.
Denn das ist Uhrenurnatur,
die Zeit hinauszuflüstern.
Nun staunst du, he, und lauschest stur
mit aufgeblähten Nüstern

der Uhr, wie sie die Zeit aufißt,
und das nicht kundzutun vergißt.
Wenn sie nicht läuft, weil sie nicht geht,
dann schweigt sie maßlos schlicht
auf unserm Vertiko und steht,
denn sitzen kann sie nicht.
Die Zeit jedoch vergehet roh.
Sie pfeift auf Uhr und Vertiko.
Das ist nun eben einmal so!

Hier spricht der Tierfreund

Was bilden wir Menschen uns den Tieren gegenüber nur ein! Beispielsweise das Pferd, lieber Leser, das Roß, der Gaul, die Mähre, der Klepper, unser Hottehü, die Rosinante, Bruder Hafermotor – das Pferd also, lieber Leser: Kaum lernten wir es in alten Zeiten auf irgendeiner Wiese kennen, reichten wir ihm nicht etwa die Hand zum Brudergruß, sondern saßen auch schon auf seinem Rücken und ritten es, sogar ganz dicke Menschen, oft auch Raubritter in schwereisernen Rüstungen! Wir nahmen des Pferdes Geduld und Liebenswürdigkeit so gelassen hin, als müßte es so sein, und machten uns sogar lustig über seine Pferdezähne oder aßen es als Pferdewurst auf, pfui Deibel! Was wäre denn aber gewesen, wenn es dem Pferd nun schon vor unserem Einfall, auf ihm zu reiten, eingefallen wäre, sich auf unseren Rücken zu schwingen und uns zu reiten? Dann hätten wir Menschen heute vier Beine mit Hufen unten dran und würden wiehern, was? Vermutlich hätten wir es aber nicht so gelassen hingenommen, wenn das Pferd in eiserner Rüstung mit Sporen an den Stiefeln auf unseren Rücken gesprungen wäre und „Hüh!" und „He, du Schindmähre, alte Kracke, du!" und „Hopp!" gerufen oder uns als Pferdewurst aufgegessen hätte, oder? Das sollten wir uns jedenfalls einmal klarmachen, damit wir die Engelsgeduld unserer Haustiere richtig einzuschätzen wissen!

Hinweis

Wenn die Autofahrer endlich mal die öffentlichen Verkehrsmittel benutzen würden, wären die Straßen so leer, daß die Autofahrer endlich mal wieder richtig Auto fahren könnten!

Mitteilung Nr. 2

Ich sag's ganz offen: Unter Thomas Mann kann ich mir nur Thomas Mann vorstellen!

Vermutung

Es ist sicher ein Unterschied für den Gastgeber, ob sich der zum Geburtstag eingeladene Landrat Dr. Briesewitz oder der zufällig anwesende Opa Knuffke von nebenan versehentlich in die Geburtstagsbowle übergibt.

Entsetzliche Mitteilung

Gäb's plötzlich keine Menschen mehr auf Erden, wüßten wir das nicht einmal, grauenhaft!

Mitteilung von unserer Ecke

Wenn des Himmels blaue Flecke
friedlich schlafen gehen
und bei uns hier an der Ecke,
wo die Linden stehen,
junge, magre Denker hocken,
die ihr Pilsner zischen,
schweigsam, rauchend, ohne Socken,
an den runden Tischen,
wenn die Drosseln wonnetrunken
auf der Flöte blasen,
und verträumte Köter tunken
ihre nassen Nasen
in die Büsche, und es schweben
Tiere in die Biere,
wenn die Autos, die noch eben
brüllten, endlich ihre
Schnauze halten und man plötzlich
hört, daß auf der Wiese
jemand lacht und wie ergötzlich
in der Abendbrise
Blätter flüstern, und die Hecke
duftet süß und labend,
wenn, mein' ich, an unsrer Ecke
endlich Feierabend

ist, fang' ich wie neugeboren
an, der Nacht zu lauschen,
und ich merk', wie meine Ohren
still und dankbar rauschen.

Aus meinem himmlischen Notizbuch

Eigentlich müßte doch der liebe Gott von ganzem Herzen dafür dankbar sein, daß er der liebe Gott ist und keine Kirchensteuer zahlen muß und so weiter. Aber wem sollte der liebe Gott denn dankbar sein? Sich selber? Oder hat der liebe Gott, wenn er schon keine liebe Göttin hat, auch einen lieben Gott?

Ich tu' schon immer so, als ob ich alt wäre. Wie will ich dann erst tun, wenn ich alt bin?

Ulkiges

Wir Menschen und Bürger stammen nicht nur vom Affen ab, wir waren sogar mal die Affen, ist das nicht zum Schreien?

Betrifft: St. Günthermann

Wie ich unter der Hand erfuhr, hat sich der allseits beliebte St. Günthermann, der Erfinder, auch während seines dreiwöchigen Urlaubs bei seiner Schwester Trude in Elsterwerda nicht nur mit seiner antiken Bratkartoffelsammlung beschäftigt, sondern er hat auch da eine segensreiche Erfindung gemacht, und zwar handelt es sich um die ESSBARE ZAHNPROTHESE, die man in Notfällen (beispielsweise, wenn die Gefahr besteht, daß man jemanden damit beißen will) mit ihr selber aufessen kann. Bravo, Meister Günthermann!

Wußten Sie schon ...

..., daß der Dachfirst gar kein richtiger First, ja, nicht einmal adlig ist?

Ein lehrreiches Erlebnis

Gestern nach des Tages Mühen steige ich in meine Straßenbahn, etwas mißgelaunt, ich sag's frank und frei heraus, aber nicht verbittert oder menschenfeindlich, wie es heute jeder Pfeifenwurz sein will. Ich nicht, keineswegs, obwohl ich Grund dazu hätte, denn manchmal ist das Dasein ganz schön bezauselt, wie?

Doch mir war nur nachdenklich zumute, menschlich, um nicht zu sagen human. Was aber fällt mir beim Einsteigen sogleich auf, Leute, was steigt mir in die Nase? Nicht etwa der in den Straßenbahnen übliche Döner-Kebap-Duft oder ein Menschengeruch von kalter Bohnensuppe, sondern ein immer stärker werdender Gestank von altem Käse, ein infernalisches Aroma, pfui Spinne! So eine rücksichtslose Ferkelei steigt mir in die Nase! „Das ist typisch für diese Zeit!" denke ich schlagfertig. „Das ist der Duft der großen, weiten Welt, verdammt noch mal!" Richtig elend wurde mir. Jeder stank heutzutage auf Teufel komm raus vor sich hin, ohne Rücksicht auf den Nachbarn! Keine Nächstenliebe, kein Mitleid, kein Herz! Reichten die Menschenbetrüger, Masochisten, Umweltschänder und Großschnauzen nicht, mußte mir da bei diesen Fahrpreisen auch noch dieser bestialische Mief die blaue Abendstunde vergällen, war eine glückliche Nase nur noch eine Schimäre? „Diese Unverschämtheit!" denke ich und laß die Blicke schweifen, aber ein jeder sah so aus, als sei er der Stinker, verzeih, Menschenfreunde, aber die Menschen sehen immer so aus, als wären sie's! Der eine hatte so einen Kopf. Der andere guckte so. Der dritte sah meinem unsympathischen Nachbarn Willi Mustermann ähnlich, und einer mit Neandertalerfrisur war es sowieso. Eine Menschheit war das, eine Zeit, konsterniert und marode wie der Furz im Paletot, man möchte fast sagen DEKADENT, ein Produkt des Fernsehens mit seinen ewigen Serien auf allen Kanälen, das hatten wir nun davon, o tempora, o mores! Alpträume hatte ich in der Nacht, Befürchtungen! Wie sollte ich da mit meinen Anschauungen Manager werden, Quizmaster oder gar Immobilienhändler?

Heute morgen muß ich nun kurz nachtragen, daß ich gestern abend nicht mehr zum Leeren meines Diplomatenkoffers gekommen bin. Habe das heute nachgeholt, und da hatte ich zerstreuter Professor, um es mal drastisch auszudrücken, doch vergessen, den uralten Romadur, den mir Tantchen mitgegeben hatte, auszupacken. Der ganze Korridor roch begreiflicherweise schon danach, beim Öffnen des Koffers war's wie eine Gasexplosion, ein Erdbeben mit Schwefeldampfausbrüchen, mir tränen jetzt noch die Augen, mir zittert jetzt noch die Stimme! Natürlich wurde mir da sofort klar, daß der strenge Geruch in der gestrigen Straßenbahn dieser uralte Romadur von Tantchen gewesen war, ein uralter Romadur stinkt nun mal, das macht seine Qualität aus. Und ich komme erst am folgenden Tag darauf! Ist das nicht zum Kaputtlachen? Aber so sind wir Menschen, das macht uns liebenswert, man sollte es tolerieren!

Geständnis

Ich habe schon so oft unrecht gehabt in meinem Leben, daß ich das sehr ungern hier gestehe, weil ich, wie ich vermute, ganz sicher auch mit diesem Geständnis unrecht haben werde!

Wie mein Freund Walther zum Pilzesammeln steht

Das Pilzesammeln ringt meinem Freund Walther wenig Interesse ab, weil er, wie er sagt, ja schon altes Zinn sammelt. Freilich, sagt er, wenn das Bücken nicht wäre und die Pilze in Sichthöhe, also ungefähr ein bis eineinhalb Meter hoch, in deutlich erkennbaren Schock- und für den Abend Leuchtfarben auftreten würden, wenn sie dazu noch ein gut lesbares Schild um den Hals trügen, welches dem Suchenden verrät, wer eßbar und wer giftig ist, dann würde er sich schon mal in die sogenannten Wälder hinauswagen, um einige Pilze zu brechen. „Aber dann hätte vielleicht irgendein Schwein die Schilder vertauscht!" sagt mein Freund Walther. Darum sei es auch für den kommenden Herbst höchst unwahrscheinlich, daß man ihn in den Wäldern beim Pilzesammeln antreffen wird, sagt er.

Oh, Heidelbuns!

– *ein Heimatlied* –

Oh, Heidelbeck, du feine,
oh, Bergelheid am Rhein,
oh, Neckelwein am Beine,
oh, Weidelberg am Main,
oh, Beckel an der Bosel,
oh, Nockel an der Weck,
oh, Weckberg an der Nosel,
oh, Mosbein, Heidelneck,
oh, Moselberg am Weckel,
oh, Neckelmoselberg,
oh, Heidbergwoselbeckel,
oh, Rheinmainneckelzwerg,
oh, Bergelrhein, Zweckheidel,
oh, Mainzwerg, Boselfein,
oh, Bergel an der Beidel,
oh, schöner deutscher Wein,
oh, Schöneldeutsch, oh, Rheinel,
oh, Deutschberg, Heidelhöhn,
oh, Beidelweid am Deinel,
oh, Mosbeindeutelschön,
oh, Weckelmos am Bunsel,
oh, Buns am Neckelwein,
oh, Beinbing an der Dunsel,
oh, Heidelbuns am Rhein!

Gedanken

Jeder Mensch auf Erden denkt schon mal, daß er richtig denkt. Das ist schon mal ein Riesenhaufen falscher Gedanken!

Mitteilung Nr. 1781 bis 1793

Schauspieler sind durch die dauernde Konfrontation mit Regieanweisungen und Theaterkritiken dem Tadel gegenüber sehr skeptisch eingestellt, sehr sehr skeptisch! Dem Lob gegenüber glücklicherweise nicht so sehr!

Gespeichertes

Wenn Müller an den Sparkassencomputer denkt, in dem er als Kontoinhaber gespeichert ist, und was dieser für ein Bild von ihm hat, sagt Müller, dann packt ihn manchmal ein großes Grausen, denn etwas mehr als dieser Müller im Sparkassencomputer sei er trotz seines beschissenen Kontostandes nun doch!

Nach der Behandlung

In letzter Zeit waren Liebigs in ihrer Ehe unglücklich. Seitdem sie aber nun gemeinsam beim Eheberater gewesen sind und lange, teure Gespräche geführt haben, sind Liebigs in ihrer Ehe viel glücklicher unglücklich!

Lobenswertes vom Huhn

So blöd, wie immer behauptet wird, können unsere Haushühner ja nun auch wieder nicht sein, denn immerhin haben sie sich, erdgeschichtlich gesehen, ebenso lange wie wir Menschen gehalten, waren vielleicht sogar einmal Affen wie wir, haben auf Bäumen gelebt und sich auf allen Vieren fortbewegt, als Hühneraffen sozusagen oder Affenhühner, und leben – wie wir! –

heute noch, gackern, sind heiter oder aufgeregt, rennen in Autos, scharren im Sand, fressen Regenwürmer, bespringen sich, alles wie wir, wobei auch noch positiv zu vermerken wäre, daß sie keine Schuld am Ozonloch tragen und unsere Frühstückseier legen. Wann je wäre es einmal einem von uns Menschen eingefallen, unsere Frühstückseier zu legen? Die blöden Hühner aber tun's, Glück für sie auf allen Hühnerleitern!

Dünnemachen kann man sich leicht. Schwerer ist es, fünf Kilo abzunehmen!

Lürik: BEGEGNUNG

Am Straßenrand steht dick und müde
ein Vogel – fragt nicht, wie er heißt!
Vielleicht Sofie, vielleicht Elfriede?
Vielleicht auch Fräulein Berta Gneist?
Auf jeden Fall guckt mir der faule,
kohlschwarze Vogel hinterher,
wie ich da geh zu unserm Paule,
guckt frech mir nach, der Vogel, der,
als wüßt er's nun genau, daß einer,
der weder Eier legt noch fliegt,
kein Vogel ist, nicht mal ein kleiner,
und nie im Leben Flügel kriegt.

Schlau guckt er unter seiner Mütze
aus Flaum mir nach und spreizt den Frack.
Vielleicht heißt er auch Onkel Fritze
und ist ein Kerl, der kleine Sack?
Legt gerad wie ich kein Ei, weil nämlich
ein Kerl kein Ei legt jetzt und hier.
Was aber guckt er dann so dämlich,
wenn ich zu unserm Paul marschier?
Ich muß gestehn, daß so ein Gucken
gewaltig an den Nerven frißt,
Man möchte sich fast zusammenducken,
weil man kein schwarzer Vogel ist
und nur ein Mensch mit platten Füßen
und dickem Bauch – jetzt scheint mich das
verrückte Vieh auch noch zu grüßen – ?
Herrje, das Leben ist schon was!

Vermutung

Ich vermute, ich muß morgens immer so schnell machen, weil ich morgens immer so langsam mache!

Seltsames

Das Leben, geht mir eben auf, ist vermutlich das längste, was der einzelne Mensch erleben kann.

Hinweis Nr. 26 m

Viele Leute, die schon seit Jahrhunderten tot sind, wissen das heute noch nicht!

Dramatikeraufschrei

LIEBER ZEHN STÜCK KUCHEN ALS EIN STÜCK SCHREIBEN!

Erfreuliche Betrachtung

Am schönsten ist es, wenn der Urlaub vorbei ist! Dann hat man nämlich endlich wieder elf herrliche Monate, fünfzig Wochen beinahe, vor sich, in denen man sich auf den Urlaub freuen kann!

Liebeslied

Es liegt ein Schreck in jedem Knalle,
und du liegst neben mir.
Es liegt ein falscher Ton im Schalle.
Der Mops liegt im Klavier.
Es liegt ein Zittern in der Sülze,
ein Ei im schwarzen Tee.
Es liegt ein Trug im Fliegenpilze
und Spremberg an der Spree.
In deinen Augen liegt ein Rätsel,
in Ungarn Budapest.
Im Bett liegt eine alte Brezel,
im Baume nichts im Nest.
Es liegt zum Teil auch auf der Nase
und öfter auf der Hand.
Es liegt ein Stückchen falscher Hase
auf Krützners Anbauwand.
Ein Haar liegt auf dem Apfelstrudel
und dicht bei Kiel das Meer.
Mir liegt sogar die Eiernudel,
doch du liegst mir noch mehr.
Es liegt ein Bandwurm in den Bäuchen.
Es liegt ein Keks im Sieb.
Es liegt die Luft in schlaffen Schläuchen.
Es liegt ein Hauch in allen Häuchen.
Ich hab' dich mächtig lieb!

Wußten Sie schon ...

..., daß der Halbaffe ein ganzes Tier ist?

Relatives vom Menschen

In dem Alter, in dem Mozart gestorben ist, fangen andere erst zu komponieren an, die meisten aber auch dann noch nicht!

Sympathische Begegnung

Gestern oder vorgestern oder vor drei Tagen war's, da beobachtete ich vor dem Süßwarenladen an unserer Ecke einen winzigen, dicken, rotbackigen Knaben, der, in einem hochbeinigen Kinderwagen sitzend, seinen rechten Fuß zum Mund gezogen hatte und den daran befindlichen Schuh (hellblau) mit höchst befriedigtem Gesichtsausdruck aufzuessen versuchte. „Das mach mal vor all den Passanten mit deinem Schuh nach, du alter, steifer Sack!" sagte ich neidisch zu mir und zog meine einsame Straße weiter dem Alter entgegen.

Mitteilung

Im Bus beim Zurarbeitfahren
(das erleb ich nun schon seit Jahren),
da gucken die Leute meist böse
und stell'n die beleidigte Neese
nach oben, daß deren zwei Löcher
dich ansehen wie einen Verbrecher,
der vorhat, dieselben mit Pfropfen
gewissenlos zuzustopfen,
da kann man rein gar nichts machen,
nur ein Kind hörst du manchmal lachen
von zwischen den Beinen: ein Schätzchen,
eine Tochter, ein Söhnchen, ein Spätzchen,
ein Mensch lacht von unten, ein kleiner,
und da lacht ja dann wenigstens einer
im Bus, wo die Neesen, wie wenn'se
beleidigt sind, hochstehn, das könn'se
mir glauben, dies Lachen, auf Ehre,
das könn'se mir, weil ich es schwöre!

Neues vom Tage

Das Tier lügt nicht, hat man festgestellt. Wissenschaftlich! Sollte also demnächst einmal so ein altes Kamel oder ein Esel auf Sie zukommen und Ihnen blökend die Hände schütteln und Sie einen wunderbaren Menschen nennen, dann können Sie davon überzeugt sein, daß Sie ein wunderbarer Mensch sind!

Wußten Sie schon …

…, daß man von den Blättern, die im Herbst von den Bäumen fallen, viel mehr hätte, wenn es Fünfzigmarkscheine wären?

Von Tisch- und Stuhlbeinen

Ein Tischbein hat Goethe gemalt und besaß drei Vornamen, nämlich Johann Heinrich Wilhelm, wohingegen ein Stuhlbein, von Goethe ganz zu schweigen, nicht mal einen Vornamen hat, und man weiß nicht mal, was für einen nicht!

Herbstliche Gedanken zur Biologie

Das Angenehme an der herbstlich kahlen Natur ist, daß man viel besser durch sie hindurchsehen kann als im Sommer. Statt der unzähligen Blätter in der Linde vor meinem Fenster – lang soll sie leben! – erblicke ich jetzt beispielsweise abends immer das Fräulein von gegenüber – lang soll sie leben! –, wenn sie schlafen geht. Es ist zwar nur ein Fräulein gegen viele tausend Blätter, mich tröstet aber dabei, daß das Fräulein ja auch Blätter, und zwar niedliche Schulterblätter, hat und die Linde vor dem Fenster – lang soll sie leben! – noch nie kleine, blonde Brüste – lang sollen sie leben! – besaß, nicht mal im Mai! Oh, welch ein Wunder ist doch die Biologie, obwohl ich nur eine 3 in ihr hatte!

Erfreulicher Hinweis

Der Sommer ist vorbei – und damit auch das unerwartete schlechte Wetter! Was jetzt kommt, ist das erwartete schlechte Wetter!

Unsere Blumenbank

Groß ist das Reich der Blumen! Gerade die Tulpe, nicht wahr, wenn auf derselben eine frische Blume sichtbar ist, die leert auch der Nichtflorist erfreut. Es besteht natürlich hierbei die tiefgreifende Gefahr, daß man zu viele Tulpen leert und sich infolgedessen ein sogenanntes Veilchen einhandelt, welches wiederum eine Blume ist. Aber auch der Wein, der Hase u. a. haben eine Blume. Sogar den Enzian, diesen ausgezeichneten Schnaps, und das Löwenmaul zählt man neben dem Kugelstück der Rindskeule zu den immer wieder gern gehörten Blumen. Den Abschluß dieser kleinen Abhandlung mag der Blumenkohl bilden, dessen Sinn jedoch nun schon im Aufgegessenwerden besteht. Das weist darauf hin, daß wir ihn nicht zu den Blumen zählen sollten. Darum hinweg mit ihm aus der teuren Bleikristallvase von Tante Käthe!

Ein Vorschlag an die Natur

Der eßbare Pilz steht, wie Klara und ich uns letztens bei einer Unterhaltung im Dampfbad völlig einig waren, so unmenschlich stumm im Walde herum, daß ihn der Laie nur schwer finden und blöde darüber werden kann. Aus diesem Grunde hielten wir es für sinnvoll,

Klara und ich, wenn der eßbare Pilz beim Auftauchen eines pilzesuchenden Laien leise zu läuten begänne (ÄNNCHEN VON THARAU etwa) oder, wie unser Hellmuth vorschlug, „Hallo, Hellmuth!" rufen sollte, damit der eßbare Pilz nicht nur immer vom gelernten Fachmann, sondern auch mal vom Normalmenschen gefunden und gegessen werden kann, wobei mich nicht einmal das „Hallo, Hellmuth!" stören würde, obwohl ich ja eigentlich nicht Hellmuth heiße, sondern Johannes.

Zum Oktoberbeginn

Laßt die Astern tanzen,
springen alle Ranzen,
rascheln Stroh und Heu.
Ein Glas Bier, Herr Ober!
Hör'n Sie den Oktober?
Ängstlich quieken Säu,
schnattern Gans und Höschen,
hustet Grimms Dornröschen.
Urlaub ist vorbei!
Nun klotzt ran, Kollegen!
Bald schon fällt der Regen
stur auf Hinz und Kunz,
und schon Gummistiebel

trägt das Kind Franz Triebel
von gleich über uns.
Noch ist's freilich trocken.
Noch blühn kleine Glocken
auf dem Hinterhof.
Doch im Oberkopfe
hör' ich schon Getropfe.
Ach, wie ist mir doof!
Ach, wie ist mir heute
mulmig, liebe Leute,
horcht, die Krähe kräht!
Bald schon sind die Wiesen
welk und auch die Drüsen.
Bald ist es früh spät!
Bald lernt Karl Computer.
Noch ein Bier, mein guter
Ober, frisch vom Faß!
Noch so eins, Herr Ober,
morgen ist Oktober,
hoch Pythagoras!
Hoch auch, Franz von über
uns, heut wär' ich lieber
nur ein Huscheltier.
Manchmal muß man einen
trinken oder weinen.
Ober, noch ein Bier!

Hier spricht der Arzt aus mir

Wie lange sollen Kinder fernsehen? – Diese Frage wurde mir schon oft gestellt, werter Leser dieses vorzüglichen Werkes. – Nun, wie lange also? Wie lange, he? Wenn man mich fragt, würde ich sagen: Bis zur Konfirmation oder Jugendweihe etwa, wo die Kinder in den Kreis der Erwachsenen aufgenommen werden, nicht wahr, dann können sie weiter als junge Erwachsene fernsehen! Hat man freilich seine lieben Eltern auch noch als Sechzig- oder Siebzigjähriger, dann kann man natürlich als deren Kind und somit als ein solches überhaupt bis über das sechzigste bzw. siebzigste und in glücklichen Ausnahmefällen sogar das achtzigste Lebensjahr hinaus fernsehen, was ja wirklich nicht ganz unerfreulich ist.

Schreckliches

Letztens, interessierte Leserschaft, schrieb ich, der beschämte, aber ehrliche Verfasser, über unsere Vorfahren, die Affen. Ich habe die Sache wegen ihrer Peinlichkeit (man will einfach nicht dran glauben, daß man mal als Affe rumgelaufen ist!) noch einmal zoologisch überprüft im Biologiebuch meines Enkelsohnes. Es ist leider noch schlimmer! Vermutlich sind die ersten Menschen vor ihrer Affenzeit, wenn ich richtig gelesen habe, schon als Laubfrösche rumgehüpft oder (man traut sich gar nicht, es hinzuschreiben!) als primitive Einzeller mit so kleinen, ekligen Fäden am ganzen Leib! Schrecklich, was?

Unsere gute Butter

Unsere gute Butter wird in letzter Konsequenz nicht im Lotto, sondern, wie mir glaubwürdig versichert wurde, durch das sogenannte Melken aus dem Inhalt von Kuheutern gewonnen. (So ähnlich jedenfalls, ich bin Butterlaie!) Unsere gute Butter ist somit ein tierisches Fett – im Gegensatz zum pflanzlichen Fett, für welches wahrscheinlich die Pflanzen gemolken werden. Ob das auch durch Euter geschieht, kann der Verfasser nicht sagen, denn er ist Großstädter und weiß nicht, ob die

Pflanze ein Euter besitzt. Sauerampfer beispielsweise besitzt schon mal kein Euter, das konnte ich während der Ferien mit der Lupe feststellen. Es würde ja dann auch gerade aus dieser Pflanze (ich habe sie gekostet!) eine ziemlich saure Lorke herauskommen, die man höchstens zur Herstellung marinierter Heringe verwenden könnte. Heringe wiederum sollen, noch bevor sie mariniert sind, oft Milch haben. Ob diese Milch aus Eutern oder anderen Löchern kommt und gar gemolken wird, weiß ich nicht, ich habe auch noch keinen Fisch mit Euter gesehen, obwohl Wale säugen sollen, vermutlich aber stellt man aus der Milch von Heringen die auch mir bekannte delikate Sardellenbutter her, wozu man selbst als Kuhgegner sagen kann: Butter ist doch die Beste!

Hübsche Vorstellung

Könnt's Rindvieh fliegen,
säß es auf den Bäumen
und fräß uns unsern
Roten Boskop kahl,
und manchmal würd's auch
auf dem Hausdach träumen,
und spät im Herbst flög's
über den Kanal

bis nach Kalkutta,
wo man's hielt in Ehren,
und auf dem Heimweg
könnte es dann flott
das Haus in Buxtehude
überqueren,
wo meine Großkusine
wohnt. „Mein Gott,
da fliegt ein Rindvieh!"
würde diese gackern.
„Hat dieses Tier nichts
Besseres zu tun?"
Dann würd' das Rindvieh
mit dem Euter schlackern
und mit den Flügeln
winken und laut muhn,
bis es im Mai besoffen
durch die Blüten
der Kirschplantage
flög', vor Glück ganz blaß.
Nur vor den Fladen müßten
wir uns hüten,
die's uns bescheren
würd', das Rindvieh, das!

Wahres aus der Zoologie

Hat ein Buchfink einen Rüssel, dann hat er entweder keinen Rüssel oder er ist kein Buchfink.

Richtigstellung

Für eine Menge Leute mit verknoteten Drüsen ist jedes gurkenähnliche Ding ein Phallussymbol, wobei ich endlich einmal der Öffentlichkeit zu bedenken geben möchte, daß die gurkenähnlichen Dinger bis zum Strudelwurm und zur Seewalze hin schon vor dem Phallus auf der Erde waren, demzufolge der beliebte, aber auch berüchtigte Phallus wohl eher das Symbol eines gurkenähnlichen Dings oder eines Strudelwurms ist, was zwar nicht so interessant klingt, aber dem Nagel der menschheitsgeschichtlichen Tatsache direkt auf den Kopf trifft, womit die Sache hoffentlich auf die Beine gestellt wäre!

Ich bin, also bin ich!

Zum Lachen und zum Nachdenken

Zum Lachen ist mir, dem sympathischen Verfasser dieser kleinen Rubrik, nichts eingefallen – zum Nachdenken: warum mir nichts zum Lachen eingefallen ist?

Ratschlag für den Feierabend

Wenn es zutrifft, daß Schneewittchen mit sich selber verheiratet war und gar nicht mit dem Froschkönig, dann sollten wir uns endlich einmal die Frage vorlegen, ob die Prinzessin auf der Erbse vielleicht ein Mann gewesen ist? Hänsel und Gretel jedenfalls waren einer, wenn auch nur teilweise, jedoch der dickere Teil. Das mag schmerzen, aber jeder muß einmal in den bitteren Kelch der Wahrheit beißen oder, wie das erzgebirgische Stanzerl sagt: „Ohne Senkel der Schuh ist wie ich ohne du!" In diesem Sinne rate ich Ihnen für den Feierabend: Nicht zuviel fernsehen, sondern lieber mal Fensterrahmen streichen, das trübt die Gedanken ein!

Überlegenswertes

Viele Bürgerinnen und Bürger, die in Rente gehen, liebe Bürgerinnen und Bürger, fühlen sich wegen irgendwelcher Altersbeschwerden, wegen Potenzstörungen (ganz schlimm!) und des Kurztretenmüssens auf den verschiedensten Sektoren der Lebenslust nicht mehr so sauwohl wie mit Zwanzig und sind darum nicht mehr richtig in der Lage, die viele schöne Freizeit und das herrliche Rentnerdasein überhaupt ausführlich zu würdigen und zu genießen, denn mit der Puste geht's schwer, dauernd muß man zum Arzt, die Beine wollen auch nicht mehr so recht, im Kreuz hat man's, vielleicht auch Zucker, der Blutdruck ist zu hoch oder zu niedrig oder man hat überhaupt keinen, man friert, wenn man schwitzen sollte, und man schwitzt, wenn frieren angesagt ist, und immer muß man sich beherrschen, denn auf die Pauke hauen wie mit Zwanzig, das ist überhaupt nicht mehr drin, das ist ein Verbrechen an sich selber und muß mit schweren persönlichen Opfern gebüßt werden. – Sollte man darum nicht erwägen, das Rentenalter auf unsere jungen Jahre zu verlegen, liebe Bürgerinnen und Bürger, wo wir, brüllend vor Lebenslust, vor dem anderen Geschlecht, vor Wasserfall und Bergesgipfel auf den Knien liegen – von zwanzig bis sechzig etwa? Und mit Sechzig, Siebzig, wenn wir nicht mehr hinten hochkommen, wenn wir uns am Ende eines wilden, süßen Lebens nach Weisheit und Abstinenz sehnen und sauer, aber zuverlässig werden, fangen wir, es ist ja sowieso alles computerisiert, zu arbeiten an, womit wir nicht einmal mehr in unseren alten Tagen Langeweile haben würden! Unmenschlich wäre doch so eine Lösung nicht, oder?

Gemeines Herbstgedicht

– *für die untreue L.* –

Dort, wo die junge Blattlaus
einst gemöpselt,
wird jetzt die Pflaume blau,
die Pflaume, die!
Der Kuckuck ist schon lange
zugestöpselt.
Nun schweigt das Ding, mit dem
er „Kuckuck!" schrie.
Und laß mal bitte, Lilli,
dort die krause –
die krause Glucke laß im
Walde stehn!
Trag du den hübschen
Fliegenpilz nach Hause
und schneid ihn klein, mein Lieb,
und brat ihn schön!
Die letzte Sommerblüte
ist verzwirbelt.
Bald riecht's bis zu den Sternen
nach Kompost.
Das macht das Laub,
mein Schatz!
Sieh nur, wie's wirbelt!

Gelb ist die Linde. Wie ein
Auto von der Post.
Bald singt der Pilz, der rote
Butz, beim Braten
für dich sein Pritzelpratzel-
prutzellied.
Warum hast du mich bloß so
fies verraten?
Du wirst schon sehn! – Und
GUTEN APPETIT!

Großes Halali

Wo, sagt mir bitte, findet man auf dieser gewaltigen, narbenbedeckten Erde noch einmal einen Menschen, dem man aus tiefster Seele recht geben kann, den man dauernd zärtlich knubbeln möchte und lobpreisen und umarmen, den man liebt und mit Sardellenleberwurst verwöhnt, um den man weint und sich sorgt, dem man manchmal sogar die Füße wäscht und aus der Flasche zu trinken gibt – wo, sagt mir bitte, findet man auf dieser gewaltigen, narbenbedeckten Erde noch einmal sich?

Selbstkritik

Ich habe vieles falsch gemacht in meinem Leben, besonders meine Frau!

Theaterweisheit

Sogar ohne Regisseur kann man am Theater Mißerfolge erzielen.

Von der unseligen Ehrlichkeit

„Sag mir die Wahrheit über mich, ich möchte endlich einmal wissen, wie man mich in der Abteilung sieht, Harald, sag es mir!" forderte der Meister Rudolf Faßmann vor Jahren anläßlich einer Betriebsfeier den Zerspaner Harald Bäsoldt auf. Er tat's pausenlos und konnte gar nicht mehr damit aufhören. „Sag mir die Wahrheit, Harald, sag sie mir mitten ins Gesicht hinein, ich vertrag's, ich brauche das als Mensch und Meister, ich will mich weiterentwickeln, humanistisch, hygienisch und charakterlich, sag mir bitte, bitte alles!" rief Faßmann. Zehnmal, siebzigmal, vielleicht noch mehr, und immer wieder flehte er den Zerspaner an, beinahe weinend und fanatisch: „Sag mir die Wahrheit über mich, du Pfeife, sonst streich ich dir die Überstunden, sag deinem Meister die Wahrheit, Harald!" – Nach Stunden, Bäsoldten dröhnten schon die Trommelfelle von Faßmanns unaufhörlichem Geplärr, das Bier in ihm wurde sauer, obwohl es Freibier war, die Marschwalzer klangen wie das jüngste Gericht, ihm zitterten die Hände, die Betriebsfeier war ihm piepegal geworden, ja, er glaubte nicht einmal mehr an den Sinn des Zerspanens, weil er völlig fertig war von diesem fortwährenden „Sag mir die Wahrheit, Harald!", sagte er zu Faßmann: „Manchmal bist du richtig aufdringlich, Rudolf!" Faßmann spricht heute noch kein Wort mit ihm!

Das Blatt

– eine Seite mit zwei Seiten –

Auf diesem Blatt möchte ich mich einmal den Blättern zuwenden. Mancher Blattfreund wird sich wohl jetzt die blatte Hand auf die Blatte knallen und erfreut hinausblattsen, daß es Sägeblätter, Ruderblätter, Kartenblätter, Notenblätter und Schulterblätter gibt, worauf wir uns schnellstens unserem eigentlichen Thema, dem Herbst, zuwenden wollen, in welchem es Blätter blattert, wie schon der Philosoph Blatto schrieb. Infolgedessen sammeln sich durch den fortwährenden

Blattsregen aus den Blattanen ansehnliche Blättermengen an den Baumknotenpunkten an. Nun kommt der Schuhblattler auf fröhlichen Blattfüßen herangeblattelt, holt die letzten Blätter mit Blattschüssen herunter und sammelt den Segen ein, um ihn mit dem Blattenwagen zum Alexanderblatt dem großen Blatt in Berlin, oder auf ein Blatteau zu bringen. Und wenn Sie, verehrter Leser, jetzt auch vor Wut blattsen, nicht für Blattin könnte ich es ändern, denn daraus wird im Blattenspieler ein Blätterteig hergestellt, welchen der Blätter mit dem Blätteisen blättet. Aus dieser blattgeblätteten Blatte werden von Blattschneiderbienen Blattformen geschnitten. Diese werden mit Blattdeutsch und irgendwelchen Blattheiten bedruckt, und schon liegt das bekannte Käseblätt vor uns auf dem Blatts. Jetzt sind Sie wohl blatt, was? Ich auch!

Herbstliche Hinweise

Des Herbstes letzte
Didel ist verdudelt.
Bald springt das Aas,
das Auto, nicht mehr an.
Bald tun die meisten
Gänse wie genudelt,
und was so flucht, das
ist der Weihnachtsmann.
Die schwarzen Vögel
mit den dicken Köppen
sind wieder da und gehn
im Park spaziern,
und Oma strickt was
wie aus lauter Zöppen,
und eh die Bahn kommt,
kommt man meist ins Friern.
Hört ihr den Wind, den
Zausel, wie er hohnlacht?
Bald friert es, und Zietschmanns
Else streut.
Das beste ist, wenn man
jetzt einen Sohn macht
und sich den Winter
über auf ihn freut!

Für den Vogelfreund

Wenn an Ihrem Fenster einmal ein Sperling auftaucht, der Ihnen erzählt, daß er ein Sperling oder vielleicht sogar der Installateur Briese aus Pankow ist, dann seien Sie sich klar darüber, daß Sie höchstwahrscheinlich der einzige Mensch auf Erden sind, dem dieser Sperling erzählt, daß er ein Sperling oder vielleicht sogar der Installateur Briese aus Pankow ist. Schweigen Sie darüber, pscht!

Bedauernswertes

Alle schimpfen auf den Wecker, wenn er frühmorgens klingelt, aber alle würden noch viel mehr auf den Wecker schimpfen, wenn er frühmorgens nicht klingelt!

Philosophisches

Ich denke, ich bin, denke ich gerade, also denke ich, daß ich denke, daß ich bin, denke ich, und das bin ich ja wohl dann auch, und darum denke ich eben, daß ich denke, ich bin!

Die einzige, die nicht vergeht, wenn sie vergeht, ist die Zeit!

Lernprozeß

Seit frühester Jugend hielt Schulze alles für einen „geschwollenen Käse", was an Literatur geschrieben wurde. Vor zwei Wochen aber blättert er ganz zufällig auf dem Trödelmarkt in einem Buch, und da fällt ihm doch der Satz „Schulze ist ein hochintelligenter Mensch!" in die Augen. Schulze hat das Buch natürlich sofort gekauft und will es vielleicht sogar einmal lesen, wenn ihm das Leben die Zeit dafür schenkt. Seitdem aber steht er der Literatur aufgeschlossener gegenüber und lobt sie manchmal sogar!

Mitteilung Nr. 249 b

Ich habe viele Bücher gewälzt in meinem Leben und endlich in Erfahrung gebracht, daß der Erfinder des Streuselkuchens nun eben doch nicht Streusel hieß. Seitdem genieße ich diesen Kuchen, der mir schon vorher verdammt gut geschmeckt hat, wie eine unbekannte, köstliche Frucht aus fernen Ländern.

Gib mir 'nen Kuß, mein Gold!

Hoch springt der Herbst auf ollen Klatschesohlen
um unser Haus und klopft andauernd an.
Der Osterhase bringt jetzt Eierkohlen
und sieht ganz schwarz aus und heißt KOHLENMANN.

Es pladdert, Schatz! Es regnet Strippen, Lieschen!
Gib mir 'nen Kuß und schniefe nicht, mein Gold!
Das Jahr kriegt Falten, welk sind die Radieschen.
Ich hab's befürchtet, aber nicht gewollt.

Des Himmels olle, dicke, lange Zunge
scheint stark belegt zu sein, mein Augentrost.
Das regnet wie aus Kannen, Junge, Junge!
Das regnet Schusterjungen heute, prost!

So was von naß! Huch, hast du kalte Beine!
Doch deine Brüste, Lieschen, sind voll Scharm.
Ein Aas, nicht wahr, der Regen, meine Kleine?
Ein Schweinehund! Dein Bauch ist aber warm.

Und zapple nicht, wir wollen endlich schlafen!
Und zieh' die Decke hoch und träum recht schön.
Du bist mein Hügelland, mein Rosenbusch,
     mein Hafen.
Mein Gott, nicht da! Mensch, hast du kalte Zehn!

Buchbesprechung

St. Günthermanns, des Erfinders, am Nikolaustag im Eigenverlag erschienener Wälzer „Von Knollen und Eiern", als „Sachbuch für Gartenfreunde" angepriesen, würde dramatisiert vielleicht ein nachdenklich stimmendes Weihnachtsmärchen ergeben, als Sachbuch für Gartenfreunde halte ich es jedoch schon darum für problematisch, weil die im Buchtitel so vielsagend genannten KNOLLEN und EIER auf keiner der 3572 Buchseiten erwähnt werden. Das scheint mir, gärtnerisch gesehen, ein Tiefschlag und rätselhaft. Warum diese Geheimnistuerei? Der Gartenfreund ist ein erwachsener Mensch, Herr Günthermann, ein mündiger Bürger, Lokomotivführer manchmal oder sogar Schornsteinfegerobermeister! Wenn ich auch finde, daß dem Buch ein erklärender Anhang not täte (was sind zum Beispiel RAPÜRZELSÄCKCHEN, SPUNSELWÖSCHEL und MÖPPSELWÜPPERCHEN?), so meine ich doch, ohne Versöhnler sein zu wollen, daß St. Günthermanns „Von Knollen und Eiern" mit seinen 3572 Seiten etwas Hoffnung in unsere herbstlichen Herzen zu tragen vermag, hat doch zumindest der pfeiferauchende Zeitgenosse damit reichlich Papier für Fidibusse bei der Hand.

Aus der Bekanntschaft

Dr. Kurzhaupt erzählte mir gestern, daß das Munkelschaf einen Schnurrbart aus Glockenblumen hat und nur als Aquarellzeichnung seiner siebenjährigen Nichte Rebekka in der freien Natur vorkommt. Ein glücklicher Onkel!

Denkförderndes

Gewöhnlich befindet sich unterhalb der menschlichen Oberlippe der Mund und der größte Teil des übrigen Menschen. Die Nase hingegen befindet sich nebst des Gehirns oberhalb der Oberlippe. Unterhalb der Nase, also über der Unterlippe und sogar noch über der Oberlippe, befindet sich oft noch der sogenannte Schnurrbart. Diese typische Situation verändert sich aber sofort, wenn wir kopfstehen, weil sich dann der sogenannte Schnurrbart oberhalb der Nase befindet und unterhalb der Oberlippe! Der Mund hingegen befindet sich oberhalb der Oberlippe. Unterhalb der Oberlippe und des eventuellen sogenannten Schnurrbarts befindet sich die Nase. Noch aber über der Nase, wenn auch unter dem übrigen Menschen, befindet sich die Unterlippe. Und sogar die Oberlippe! Daran ersehen wir, wie denkfördernd das Kopfstehen sein kann, wenn man sich dabei möglichst dauernd überlegt, wo sich die einzelnen Gesichtsteile und der übrige Mensch befinden! Kopfstehen trainiert den Kopf! In diesem Sinne: Beine hoch und Kopf runter!

Wußten Sie schon ...

..., daß die TAUSENDJÄHRIGE EICHE im Berchtesgadener Land so gewaltige Ausmaße hat und so alt ist, daß sie schon lange nicht mehr die TAUSENDJÄHRIGE EICHE genannt wird, sondern WATZMANN und ein Berg ist?

Betrifft: St. Günthermann

Ein schadhafter Reißverschluß an seinem alten DDR-Anorak führte den Erfinder St. Günthermann zur vielleicht größten Erfindung der Osterzeit 1993. Es begann damit, daß St. Günthermann vor dem Ostereiersuchen im Garten den an seinem Anorak, einem soliden Prachtstück volkseigener Produktion noch, befindlichen Reißverschluß betätigen wollte. Doch immer, wenn St. Günthermann den Reißverschluß zuzog, ging dieser auf, und wenn er ihn aufzog, ging er zu. Der Reißverschluß war also stets geschlossen, wenn St. Günthermann ihn aufgezogen hatte, und stets geöffnet, wenn er ihn zugezogen hatte! Begreiflicherweise führte das erst einmal zu Gesichtszucken bei St. Günthermann und dem Verzicht aufs Ostereiersuchen im Garten und dann zur Idee des Reißverschlusses mit den Eigenschaften mehrerer Knöpfe. So gelang es St. Günthermann nicht nur, seinen kostbaren Anorak zu erhalten, es gelang ihm vor allem die Erfindung des REISSVERSCHLUSSES ZUM ZUKNÖPFEN! Leider reagierte der Erfinder ziemlich grob auf meine diesbezügliche Frage und verweigerte die Auskunft darüber, ob er die beim REISSVERSCHLUSS ZUM ZUKNÖPFEN verwendeten Knöpfe eventuell zum Zuziehen weiterentwickeln, also sie mit kleinen Reißverschlüssen versehen will.

Achtstrophiges Tiergedicht

Die Nacht drückt sich die Nase breit.
Am Fenster tut's die Alte!
Den Bleistift her! Vom Himmel schneit
es Flöhe, weiße, kalte.

Herbei nun, Breitmaulfrosch und Bär!
Herbei, ihr Legehühner!
Ich rufe euch! – Nun aber her!
Jetzt macht mal eure Diener!

Ich grüß' dich, Bulle, armer Tor,
und dich, du fromme Grille!
Ich grüß' dich, Floh in meinem Ohr,
euch, Eule und Bazille!

Ich grüß' die Lerche und die Sau,
das Heupferd und die Kriecher.
Es gibt eintausend mal eintausend Arten – alles Viecher!

Sehr viel essen ich und Du
gebraten, und in China
ißt man gar Hunde als Ragout!
Ich esse lieber Wiena.

Ich esse meinen Dackel nicht!
Ich lieb' das dicke Tierchen
und sag's hier offen im Gedicht:
Gleich kriegt der Sauhund Nierchen!

Die frißt mein Dackel sogar roh.
Ein Satansvieh! Ein Würger!
Ich muß schon sagen: Ich bin froh,
daß ich kein Tier bin, Bürger!

Kein Esel und kein Rübenschwein,
kein Aff', kein fürchterlicher!
Nur manchmal, nach dem neunten Wein,
bin ich mir nicht mehr sicher!

Aus dem Notizbuch des Lebens

Wenn statt der unentwegten, nervtötenden Musik, die sie im Fernsehen und im Radio senden, beispielsweise Apfelmus gesendet würde, würde die ganze Menschheit bis zum Halse in Apfelmus stehen. Dann fehlten nur noch Sauerbraten und Klöße, und wir wären aus dem Schneider raus!

Ein Beispiel für Herberts Humor

Am Montag erblickten wir auf dem Rostocker Bahnhof einen breitschultrigen Kerl mit Seesack und O-Beinen, und was für welchen! „Ein Matrose, ahoi!" bemerkte Herbert, der immer gleich das rechte Wort findet. „Mein Gott, wie kommt dieser Fahrensmann an solche O-Beine?" fragte ich. „Er wird Pferde einreiten auf seinem Kahn!" antwortete Herbert. Da ging ich in die Bahnhofskneipe, einen Magenbitter trinken, denn wir Menschen sind geheimnisvolle Geschöpfe.

So oder so ist das Leben – und wie!

Verwunderliches

Haben Sie sich schon einmal überlegt, werte Leser weiblichen, männlichen und sächlichen Geschlechts, daß es im Jahre 1990 genau zehn Jahre waren (ein Alter, in dem ein Kind noch nicht einmal die Infinitesimalerechnung beherrscht!) bis zu jenem Jahr 2000, das, wenn es in Kilo aufträte, genau zwei Tonnen wöge, was gerade mal vierzig Zentner Kartoffeln sein würden – und das für eine Jahrtausendwende?

Ein erfreuliches Tier

Das Huhn von der Else ihr'm Mann
legt Toneier dann und wann.
Wie glücklich ich bin:
Am Sonntag geht's hin.
Wir hör'n uns die Toneier an!

Vom Nachruhm hat man leider erst etwas, wenn man nichts mehr davon hat!

Beispielgebend

Letzten Urlaub in Sachsen, in der lieben, kleinen Stadt, als wir mit Tante Adele unterwegs waren nach hellblauer Reformunterwäsche für ältere Damen (Tante hatte Geburtstag!), näherte sich uns in der Pulsnitzer Straße – nein, keine hellblaue Reformunterwäsche für ältere Damen, sondern ein trauriger, krummer Alter, etwa 120 Jahre zählte er oder 150, ein ausgemergelter, lediger Kettenrauchergnom, ein Greis auf rührend schlurfenden Sohlen. „Daach ooch zusamm', Nachborn!" krächzte der Alte im Vorüberziehen. Lächelnd erwiderten wir den einfältigen Gruß, das Handwägelchen sprang übers antike, vielleicht schon bald an eine wohlhabende Westgemeinde verscheuerte Kopfsteinpflaster, wir verfolgten es mit sinnenden Blicken, und Tante Adele sprach: „Das war Stellmacher Zicklern sein Ältester, der Heinzel, der is im lädzdn Jahr zweenachtzsch gewordn, ist aber noch ganz gut offn Been', der häßliche Knochn, qualmt wie ä Schlot und ist immer noch Hahn im Korbe bei den aldn Weiborn, obwohl er noch 1928, mit achtzehn Jahrn, Bättnässor war, das hat mor ärschd neulich seine kleine Schwestor, dä Hertl, verratn, die ist mit mir in dä Schule gegangn und jädzd ooch schon bald achtzsch!" Tante Adele nickte gütig, und wir zogen weiter nach hellblauer Reformunterwäsche für ältere Damen, nun aber etwas gelöster und dankbarer im Herzen, weil man in den kleinen sächsischen Städten, wie wir soeben erlebt hatten, zwar auch unter marktwirtschaftlichen Bedingungen ziemlich lange nach hellblauer Reformunterwäsche für ältere Damen suchen mußte, aber noch herzlich Anteil an seinem Nächsten nahm. Wo begegnete einem das heutzutage schon noch in unseren verknoteten, wüsten Großstädten, den vielgepriesenen? Kalt geht man aneinander vorbei, unherzlich, ohne Gruß, ohne Wort, nur von Verkehrsampeln geregelt. Ein Beispiel sollten wir uns an Tante Adele und ihrer kleinen sächsischen Stadt nehmen!

Soeben muß ich denken, daß man das Alter von Hühnereiern viel leichter bestimmen könnte, wenn Hühnereier graue Haare und Falten bekommen würden.

Ernsthafte Mitteilung

Wird das Herbstwetter fade,
ist's November, wie gerade.
Die Astern am Zaun – nu verblühnse!
Insofern der Winter
dann grinst, und zwar hinter
den Astern, empfehle ich: Ziehnse
nicht hoch, sondern lieber
den Anorak über –
studiernse das kühle Geschehen.
Sehnse endlich das Werden
und Vergehen auf Erden
als Werden und nicht als Vergehen.
Sogar Jünglinge altern,
und dem Vater von Waltern
hat man gestern acht Zähne gezogen.
Ob gestaucht oder länglich,
was da kraucht, ist vergänglich.
Nicht nur du wirst von Wally betrogen!
Mächtig schnurrt unsre Katze,

und die Landschaft kriegt Glatze
vorm Fenster und weiter im Flachen,
wo die Wälder zu sinnen
und zu knarren beginnen
und die Krähen unheimlich lachen.
Schiebt ihr jetzt eure Ohren
in den Nebel, ihr Toren,
dann hört ihr mein Grogwasser flöten.
Darum Schluß mit dem Blödsinn
und herbei mit dem Lötzinn,
ich muß noch die Wärmflasche löten!

Wenn ich plötzlich keiner mehr wäre, wäre ich aber einer!

Nimmt man den Rechthabern nun eigentlich übel, daß sie dauernd recht haben wollen, obwohl sie nicht recht haben, oder nimmt man ihnen übel, daß sie dauernd recht haben wollen, weil sie recht haben?

Prophetisches

MIR GLAUBT JA KEINER! Am Sonntag habe ich zum Beispiel zu Klara gesagt: "Du wirst einen schweren Muskelkater kriegen, wenn du heute alle zehn Fenster unserer Wohnung putzt, Klara!" Aber sie hat trotzdem in der heiligen Morgenfrühe mit dem Fensterputzen angefangen, nur das Mittagessen hat sie dazwischen zubereitet, und als sie abends gegen 19 Uhr, in der heiligen Abendstunde, ich lag noch immer gemütlich auf dem Sofa, mürrisch ins Wohnzimmer trat, rief sie auch gleich: "Oh, Himmel, krieg ich einen schweren Muskelkater!" – "Na, siehst du, Klara!" sagte ich. Aber MIR GLAUBT JA KEINER!

Unerreichbar

Schön und gut, die Schweine sind Schweine, sie verzehren fast alles! Wir Menschen aber, die wir dauernd vorgeben, keine Schweine zu sein, wir verzehren sogar die Schweine, die fast alles verzehren!

Aus dem Tierreich

Unsere Katze liebt alles, was sich bewegt: Vorhänge im Wind, alle sich durch die Wohnung bewegenden Beine oder irgendein unschuldig lallendes Insekt, das des Weges daherkommt. Letzteres fällt sie sofort an und frißt es mit widerlichem Schmatzen auf, wenn es sich fressen läßt. Das gute Brot läßt unsere Katze jedoch liegen, weil es sich nicht bewegt. Wenn ich es aber an einem Bindfaden durch die Wohnung ziehe, erjagt sie es und frißt auch unser gutes Brot, wobei sie mir schon fast einmal am Bindfaden erstickt wäre. Aus diesem Grunde würde ich es sehr begrüßen, wenn jemand Tierliebes für unsere Katze Brotstücke konstruierte, die kleine Füße haben und ausreißen können! So ein Stück Brot, welches auf kleinen Füßen vor ihr ausriß, würde sie mit Begeisterung erjagen und auffressen, die alte Kuh. Nierchen und kleingeschnittene Stücke vom Filet frißt unsere Katze auch ohne Füße!

Träne an die Nacht

Oh, süße Nacht, du große Glocke,
du blaues Tal, du warme Socke,
du stiller Sack, du schönes Kleid,
du Sonntagsfrack der Ewigkeit,

verrat mir bitte, Sternenweide,
du Riesenloch aus Samt und Seide,
du ungeheurer Schöpfungstopf,
warum ich kleiner, dicker Knopf
nach dem Genuß von acht, neun Bier
gerade mittenmang in dir,
du Augentrost und Himmelswiege,
im Heiabett, wenn ich dann liege,
so einen wüsten Kohldampf kriege,
daß ich in meine Küche spring
und kalte Bohnensuppe schling,
talgweißes Schlabberbabbzeug mit
der Kelle in das Maul mir schütt',
bis daß mein Wanst satanisch kracht
im gelben Lampenschein, oh, Nacht?
Ist das der Dank für all die Rosen,
die ich dir grad noch streute, wie,
daß du mir jetzt sogar die Hosen
vom Schlafanzug zersprengst, du Vieh?

Nicht mal Affen sind davon ausgenommen, sich zum Affen machen zu müssen!

Lügen die Sterne?

„Lügen die Sterne, Herr Doktor?" Diese Frage wurde mir schon oft gestellt, obwohl ich weder Oberförster noch Doktor bin, und ich glaube, sie läßt sich auch beantworten. Gehen Sie doch einmal hinaus, werter Inhaber, auch weiblichen Geschlechts, in einer klaren Nacht und fragen Sie zum Beispiel den Sirius etwas. Was Sie fragen sollen? Nun, das weiß ich doch nicht! Fragen Sie meinetwegen, was Sie wollen, aber fragen Sie! Rufen Sie dem Sirius eine Frage zu! Meinetwegen auch der Venus, wenn Sie nicht wissen, wer der Sirius ist. Oder dem Saturn. Ja, auch dem Mars können Sie eine Frage zurufen, Herrgott noch mal! Was aber wird erfolgen? Nun, der Sirius (oder die Venus – oder der Saturn – ja, auch der Mars!) wird natürlich das Maul halten, wird nichts sagen, höchstens ein blöder Straßenpassant macht eine blöde Bemerkung, und damit ist die obige Frage schon beantwortet: Sterne lügen nicht, werter Inhaber! Ob sie freilich, wenn sie antworten könnten, die Wahrheit sagen würden, das weiß ich nicht, denn außer, daß ich kein Doktor und kein Oberförster bin, bin ich auch kein Stern, leider!

Mitteilung Nr. 696

Für die guten Menschen ist das Gutsein keine Leistung, für die ist es kinderleicht gut zu sein, aber für die bösen Menschen ist es sicher eine schreckliche Anstrengung, einfach qualvoll, denke ich mir, und gerade von den bösen Menschen verlangen wir, daß sie gut sein sollen, gerade von denen, das ist auch nicht lieb von uns!

Warum ich Plattfüße habe ...

Den Taucherhelm hat A. Siebe erfunden, 1837. Den Essig erfand Schützenbach, die Kreissäge Gervinus. Wer aber hat die Knopflöcher erfunden, wer die I-Punkte? Und welche Koryphäen erfanden die Türklinke, das Schnupftuch, den Pulswärmer, den Kleberand am Briefumschlag, das Birnenkompott und die Fensterputztücher? Wer erfand, weil man doch sonst nichts in die Flaschen hineinfüllen und vor allem nichts aus ihnen herauskriegen könnte, die Löcher in denselben? Wer hat die angenehmen Wörter „Pusteblume" und „Baumlaub" erfunden? Fragen über Fragen! Kein Wunder, daß der faustisch suchende Mensch mit der Zeit Plattfüße bekommt!

Rat

Wenn einer sowieso keine Meinung hat, dann sollte er sie nicht auch noch äußern!

Aus dem Heldenleben

Gnatzke war zu fett geworden, viel zu fett, ach, herrje! Da hat Gnatzke vor einem Monat mit der Hungerkur angefangen. Vor allem wegen seiner Frau, der Gerlinde, sagt er, weil die ihn wegen des Bauches unentwegt vollgenölt habe. Er wäre bald draufgegangen bei der Hungerkur, sagt Gnatzke, denn abends hat er faktisch überhaupt nichts mehr gegessen, nur immer gegen den kochenden Heißhunger zwei, drei trockene Harzer runtergewürgt, sogenannte Leichenfinger, so Dinger mit quarkiger Seele, diese bröckliggelben Stinkbolzen mit Gipsfüllung eben, die nicht rutschten, die in der Speiseröhre steckenblieben und sich dort breitmachten, bis einem die Augen aus den Höhlen quollen und die Engel im Himmel zu röcheln begannen, sagt Gnatzke, und er wollte schon verzweifeln deswegen, sagt er, das lebensgefährdende Hungern aufgeben, sich für Nordpolexpeditionen zur Verfügung stellen, wieder zur Menschenwürde zurückkehren, wahlberechtigter Bürger und Fernsehkonsument sein, glücklicherweise aber ist er vor einigen Tagen – im letzten Moment faktisch! – auf die beinahe geniale Idee gekommen, den trockenen Harzer, den Stinkbolzen, in hauchdünne Scheiben zu schneiden und ihn dick mit guter Butter zu belegen, jede Scheibe fingerdick mit guter Butter! Seitdem, sagt Gnatzke, rutscht das Zeug beinahe jubelnd die Speiseröhre runter, pro Abend verdrückt er auf diese Art bis zu sechs Harzer mit größtem Appetit, hat nicht mehr diesen nervenaufreibenden Kohldampf im Leibe, hat viel bessere Laune und kann die qualvolle Hungerkur konsequent fortsetzen, ohne daß er Abend für Abend mit hervorquellenden Augen befürchten muß, am Käse zu ersticken!

Nachdenkliches Reimwerk

Wolken ziehn
wie dicke Möpse
hin in Richtung Sachsen,
und bei Kuhns
gibt's morgen „Klöpse",
sagt Frau Kuhn zu Maxen.
Hört Ihr's, he?
Die Krähen knarren
wie verbogene Bretter!
Huh, nun graust's
Euch wohl, Ihr Narren,
vor dem Hundewetter?
Hirsch und Maus
und Brummhahn schweigen
stille, Fräulein Prüfer.
Nur vom Wind
hört man das Geigen
in der Zirbelkiefer.
Sonst ist nichts
im Augenblicke,
Erd' und Himmel frieren.
Nur von unter
uns die dicke
Doris geht spazieren.

Heilfroh sein können wir Menschen über den uns von der Natur verliehenen Verstand, der uns schlußfolgern läßt, daß wir Menschen noch nicht heilfroh sein können über den uns von der Natur verliehenen Verstand!

Menschlich gesagt

Für mich als leidenschaftlichen Tierfreund wäre es ungemein beruhigend, wenn die Tiere, die ich als Fleischesser nun mal leider essen muß, als Würste oder Schnitzel auf den Feldern wachsen würden!

Von der menschlichen Sehnsucht

Brandmaler ist ein innerlich so zerfetzter Typ, daß der Normalmensch schon bei seinem hageren Anblick zu frösteln beginnt. Beispielsweise sehnt er sich, sagt er, immer im eisigen Winter, wenn die satanische Frau Holle ums Haus tobt und die kleinen Vögel beutelt, nach einem gemütlichen warmen Zimmer, sagt er, in dem eine Kerze brennt und die Liebe wohnt und einige Zweige stehen, in welchem es sozusagen behaglich ist, menschenwarm wie der Bauch einer Geliebten, sehnt sich fast schmerzlich danach, sagt er, stellt sich so ein Zimmer vor wie die Heimkehr des verlorenen Sohnes: dauernd auf die Rübe bekommen draußen, in der

Scheiße rumgewatet, sich vor anderen zum Affen gemacht, und nun plötzlich ein Licht wie Erdbeerkompott, sagt er – und plötzlich stellt er fest, sagt Brandmaler, daß er, indessen draußen Frau Holle ums Haus tobt und die kleinen Vögel beutelt, in so einem gemütlich warmen Zimmer sitzt und diese sehnsüchtigen Gedanken nach einem gemütlich warmen Zimmer hegt. Wie sechsmal beduselt, sagt er, und dreimal beknackt sitzt er in diesem Zimmer, in dem eine Kerze brennt und die Liebe wohnt, insofern seine süße Freundin Nora auf dem Sofa Zigaretten der Marke KARO qualmt, und einige Zweige stehen auch da! Und wenn er das festgestellt hat, sagt Brandmaler, dann sackt etwas in ihm zusammen wie der Turmbau zu Babel, dann ist er plötzlich innerlich ganz ausgebrannt, ein kalter Kanonenofen sozusagen, der „Morgenrot, Morgenrot …" singt. Manchmal weiß er eben gar nicht mehr, wonach er sich, verflucht noch mal, sehnen soll, sagt Brandmaler, der zerrissene Typ, bei dessen hagerem Anblick sich der normale Mensch ein Frösteln nicht verkneifen kann.

Melancholische Ansprache
bei leichtem Schneetreiben

Als Kind mit Topfschnitt,
Friedas Sohn, der brave,
hab ich aus Eicheln
Schafe hergestellt.
Das war einmal. Nun
lauf ich ohne Schafe
hier, wo der Vogel
auf dem Müllkump bellt,
und bin kein Kind mehr,
Fräulein, sondern rauche,
behauptet Klara,
wie ein Haufen Mist,
obwohl, sagt sie, ich
nicht zu rauchen brauche,
denn wo raucht sie – ?
Wo es so teuer ist!
Und außerdem wär's
schädlich für das Dasein
und ihre Stores, sagt
sie, und überhaupt!
Der Vogel sagt was – ?
Wird wohl nur ein „Krah!" sein!
Es klingt erkältet

und nicht ausgeschnaubt,
Das bin ich auch und
immer noch nichts Rechtes,
und Karl, das Rindvieh,
ist schon was und wer.
Als Kind und Sachse
männlichen Geschlechtes
fing ich einst an und
bin noch nicht viel mehr.
Huh, ist das kalt! Wenn
Bäume Ohren hätten,
dann wären diese
jetzt bestimmt knallrot.
Warum, mein Fräulein,
raucht man Zigaretten – ?
Mein Gott, vielleicht bin
ich schon morgen tot!

Das Positive des Negativen

Für Willi Zitzebusch war die große Hitze und Trockenheit im Mai 93 äußerst angenehm, weil da auf einmal endlich nicht mehr Willi Zitzebusch der auf Erden hauptsächlich zu kritisierende Fakt für seine Frau war, sondern die große Hitze und Trockenheit im Mai 93!

Beachtenswertes

Ihre Stimme, werter Mitbürger, kann noch so gut tragen, die Kartoffeln trägt sie Ihnen trotzdem nicht nach Hause!

Aus dem Katzenleben

Unsere Katze schläft so viel, daß sie völlig kaputt davon sein muß. Kein Wunder, daß sie so viel schläft!

Die Welt als solche

Manchmal sagt man von einem, der – nun, sagen wir, der aus Kleinhackersdorf kommt, von dem sagt man also: „Der kommt aus Kleinhackersdorf und tut so, als sei Kleinhackersdorf die Welt!" Das sagt man! Nun ja, Mitbürger, Römer, warum nicht? Das kann man schon sagen, meine Stolzen, denn sagen kann man manches, und wenn man's recht bedenkt, sind eben nicht nur die Champs Elysees und der Kreml und Manhattan und Los Angeles und Egon Braumüllers Stammkneipe in der Knaackstraße und die Thermen des Caracalla in Rom und Bonn am Rhein die Welt, sondern auch Kleinhackersdorf gehört dazu, verzeiht mir das, ich möchte sogar, weil ich immer mehr dahinterkomme, behaupten, daß ein Großteil der Welt aus Kleinhackersdörfern besteht, ob es einem paßt oder nicht. Es tut mir leid, aber die Welt ist nun mal so gebaut, insofern hat unser Mann aus Kleinhackersdorf, der so tut, als sei Kleinhackersdorf die Welt, ganz recht, ich bin nicht unfroh darüber, weil auch ich, wie ich ehrlich sagen muß, aus Kleinhackersdorf komme!

Ein Mensch

Watzke ist weit über Fünfzig. Der größte Teil seines Lebens liegt hinter ihm, sagt er. Aber glauben tut er's noch lange nicht, sagt er.

Hinweis Nr. 37 3/4

Wenn Sie schon auf den Nägeln kauen müssen, dann bitte auf Ihren eigenen!

Man ist nicht allein

Zu 'nem Herrn aus Berlin-Wilhelmsruh
sprach die Gattin im Bett: „Dick wirst du!"
Der Herr wies zum Fenster
und sprach mürrisch: „Wennsder
ooch wurmt, selbst der Mond nimmt zu!"

Ein neuzeitliches Großstadterlebnis

Kürzlich, in der Schönhauser Allee, die U-Bahnen donnerten, die Straßenbahnen donnerten, die Autos donnerten, die Baumaschinen donnerten, die aufgerissene Erde donnerte, die Mopeds donnerten, die Tauben donnerten – alles donnerte – in diesem Tohuwabohu jedenfalls begegnete mir Ulli Strebe (der Zimmermann aus Sachsen), kommt mit verträumten Augen durch den Krach geschlendert, am Gürtel ein Kassettenradiochen, einen sogenannten Walkman, und auf den Ohren – ich denke, ich sehe nicht recht! – kleine, rötliche Kopfhörerschwämmchen! „Meine Güte", brüllte ich sofort los, „jetzt auch du, Ulli, als Sachse, mit siebenunddreißig, reicht dir der Krach der Welt nicht?" – „Darum ja gerade, Kamerad!" brüllt Strebe zurück, schiebt die Kopfhörerschwämmchen zur Seite, lauscht angewidert dem Lied der Metropole und erklärt mir, daß er im letzten Urlaub in Sachsen mehrere Kassetten mit nächtlicher Heimat bespielt habe: Manchmal huste ganz fern sein lieber, alter Vater, manchmal höre man die Mutter leise dazwischenschnarchen, das Gakeln schlafender Hühner (Weiße Leghorn) vernehme man, das Säuseln der Nachtwinde, das Knarren der Apfelbäume, fernfernes Köterheulen, Rauschen von Kornfeldern (schon vor drei Jahren aufgenommen, weil sich da jetzt ein Busineßpark befinde) und, himmelweit entfernt, aus den Abgründen der Landnacht, den besoffenen Nachbarssohn, Pappritzens Kurtl, wie der auf dem Heimweg hin und wieder einen fahren läßt unterm Mond – dazwischen immer wieder Stille, seligmachende Stille, das beruhigende Schweigen von Mutter Natur! „Das alles höre ich nun hier inmitten des infernalischen Krakeels durch meine Kopfhörerchen!" rief Strebe, und ob ich was dagegen habe? Ich schüttelte beschämt den Kopf. Strebe schob die winzigen Badeschwämmchen wieder über die Lauscher, seine Augen begannen zu glänzen. „Jetzt ruft gerade das Waldkäuzchen!" sprach er mit erhobenem Zeigefinger, winkte mir zu und hüpfte wie eine junge Schopfwachtel davon: ein sächsischer Philosoph!

Nachdenkliches

Viele Lieder sind schon geschrieben worden, werte Anhänger des Liedlebens. Aber nicht die Melodie dieser Lieder, sondern ihr Text soll uns heute beschäftigen. Im alten, schönen Lied vom VUGELBEERBAAM heißt es beispielsweise: „Ei Joahr, ei Joahr, mei Vugelbeerbaam, mei Vugelbeerbaam, ei Joahr …" – Ist das vielleicht nicht doch ein wenig scheußlich? Abgesehen von dem dauernden „Ei" (schließlich ist es kein Osterlied), will dieses „Ei Joahr, ei Joahr", scheint mir, auch nicht den Schimmer eines Sinns ergeben. Oder was soll das „Joahr" beim „Ei"? Und was ist das für ein „Ei", ein weißes oder ein braunes, eins mit oder ohne Salmonellen, eins aus Holland oder Mecklenburg? Aber man singt es und macht sich nicht den kleinsten Gedanken darüber (bis auf mich jetzt!), denn müßte es nicht eigentlich heißen: „Neujoahr, Neujoahr, mei Vugelbeerbaam, mei Vugelbeerbaam, Neujoahr …?" Müßte es das nicht? Doch selbst dann, fällt mir eben auf, ergäbe es keinen Sinn! Da kann man doch eigentlich nur noch sagen: WAS DA FRÜHER SO ZUSAMMENGEDICHTET WURDE, ACH, HERRJE! Und das schlimmste dabei ist: Man singt's auch noch gern, vielleicht sogar bei Gotthilf Fischer im Chore, wie?

Treffend

Der Anfang, nach dem gleich das Ende kommt, ist der Anfang vom Ende.

Wußten Sie schon ...

..., daß der berüchtigte Montag nicht 30 Arbeitsstunden und mehr hat, sondern dieselbe Anzahl Arbeitsstunden wie der allseits beliebte Freitag?

Mitteilung Nr. 10 a

Ich lebe nun schon so lange und oft mit großem Vergnügen und oft in Erregung und oft voller Leidenschaft, aber ich weiß immer noch nicht, warum!

Beruhigender Sonntagmorgen

Wie verhext sitzt man da
und guckt vor sich hin,
und Berlin hält die große
Klappe.
Und man sagt still: „Ach, ja!",
und man kratzt sich am Kinn,
und unten gehn Herr und Frau
Knappe.
Und Herr Knappe trägt stolz
einen Tschapka aus Pelz
auf dem Kopf, seinem dicken,
die Pflaume.*
Und im Ofen knackt Holz,
und bei niemandem schellt's,
und die Knappes gehn stumm
wie im Traume.
Und man guckt, wie sie gehn,
und der Himmel, der schweigt,
als bekäm er sonst Magen-
beschwerden.
Und sechs Schneeflocken wehn,
und ein Vogel, der zeigt
uns 'nen Vogel mit großen
Gebärden.

Da erschrickt man wie'n Kind,
und man kneift sich ins Ohr,
bis man merkt, man war
eingeduselt.
Und die Knappes, die sind
schon am Prenzlauer Tor,
und der Himmel flöckelt
und fluselt.
Und er fluselt und flöckt,
und man guckt wie ein Sack,
und der Schnee macht sich breit
auf den Dächern.
Und der Vogel, der bleckt
sein Gebiß und macht Kack,
und die Welt schweigt aus
allen Löchern.

*er weiß schon, warum Pflaume!

Hinweis

Sollten Sie von irgendwelchen taktlosen Mitbürgern für ein Rindvieh gehalten werden, dann machen Sie sich nichts daraus – vielleicht sind Sie wirklich eins!

Bedenkenswertes

Dauernd rufen wir Gott an. Dabei wissen wir noch nicht mal, ob er Ohren hat.

Aus dem Tierreich

Wenn ein intelligentes Tier wie das Schwein schon so blöd ist, daß es erfreut grunzt, wenn der Mensch erscheint, um es zu füttern, damit es schön fett für's Schlachtefest wird, wie blöd muß dann erst ein blödes Tier sein!

Bedauerliches

Solange unsere Meinung vom Gesprächspartner toleriert wird, ist die Toleranz etwas Grandioses, beinahe zu vergleichen mit einem schönen Stück frischgeräucherten Lachs. Leider kommt der Gesprächspartner aber dann auch mit seiner Meinung und will, daß man diese ebenfalls respektiert – und da, meine ich, hört's ja nun auf mit dem schönen Stück frischgeräuchertem Lachs, da haut's mit der Toleranz einfach nicht mehr hin, Brüder und Schwestern, da offenbaren sich ihre immensen Schwächen, dann sollte man schleunigst von ihr Abstand nehmen!

Bekanntmachung

Wenn man denkt, nun hat man endlich was hinter sich, sollte man gleich mitdenken, daß man nun auch schon wieder was vor sich hat!

Und wieder einmal eine Mitteilung, diesmal die Nr. 6 (oder 9?)

Wenn so ein olles, großes, hohes Hochhaus viel viel kleiner wäre, ein rotes Spitzdach hätte und zwei Stockwerke vielleicht mit sechs Zimmern, drei oben und drei unten, wenn es zwischen Kornfeldern nahe am Wald läge, von einem hübschen Obstgarten mit Wiese umgeben wäre und außerdem mir gehörte, dann würde ich dieses olle, große, hohe Hochhaus preisen als das schönste Hochhaus dieser Erde!

Wunsch

Die Engel an den Ohren zopsen
und wie Karlinchen Hopse hopsen
und Willi'n in die Fresse hauen
und hoch im Himmelüberblauen
als freie, weiße Wolke ziehn
und blühn, wie Heckenrosen blühn,
das möchte ich, ich sag's beflissen,
und nicht nur immer alles müssen,
nein, auch mal dürfen möchte ich
und hier vor allem, dächte ich,
den Menschen, der mit trüben Blicken
das Land durchtaumelt, dorthin schicken,

wo Feen mit fetten, süßen Brüsten
ihn richtig restaurieren müßten,
bis daß er wieder, neu erblüht,
mit Lachen durch die Lande zieht,
denn nichts gibt einem mehr den Rest,
als wenn der Mensch sich gehen läßt
vor unsereinem, der ihn liebt,
anstatt, daß er sich Mühe gibt
und nicht mit seinem spitzen Mund
uns Angst macht, dieser dumme Hund!

Mitteilung Nr. 501

Ohne Einschlafen gibt's auch kein Ausschlafen, so einfach ist das!

Tante Hanne

„Im Norden frischer und in Böen starker Südwestwind", sagten sie gestern im Wetterbericht. Danach saß Tante Hanne noch lange Zeit nachdenklich in unserem Wohnzimmer. Heute ruft sie mich an und fragt, wo Böen liegt.

Beschwerde

Zu Kunzes Polterabend habe ich ein gutes Dutzend uralter Porzellanteller mit so einem altmodischen Muster aus großen albernen Rosen, noch von unserer Uroma her, die's von ihrer Mutter geerbt hatte (hinten waren so häßliche kleine, blaue Schwerter draufgekrakelt) vor Kunzes Tür zerkloppt. Kunze hat sich die kaputten Teller danach angesehen und mich, mit Tränen in den Augen, geohrfeigt. Aber ich konnte doch schließlich nicht wegen eines ganz normalen Polterabends unsere neuen Abendbrotteller, das Stück zu zwei Mark dreißig, zerkloppen! Da genügte doch Uromas altes Gescherbel, oder? Wo's doch schon Kunzes dritter Polterabend war! Ich bin jedenfalls ganz schön sauer, daß bei manchen Leuten der gute Wille so wenig zählt. Froh macht das nicht!

Geständnis

Wenn ich bei mir die paar gewonnenen Erkenntnisse streiche, das bißchen Wissen, den alten Kopf, den Bauch, die Traurigkeiten in der Brust und meine Rückenschmerzen, dann bin ich immer noch der kleine, blöde Junge von einst!

Hinweis auf meine Freundin aus Holz

Die Linde vorm Fenster,
an welche Gespenster
und Hunde im Dustern pissen,
steht da, als würd' sie das wissen.
Gerupft und begossen,
so macht sie verdrossen
wie jemand bei Al Capone
„Hände hoch" mit der kahlen Krone
und tut so, als obse
das muntre Gehopse
der Vögel an dieser Stätte
schon lange vergessen hätte.
Stumm schiebt sich's ins Nasse,
die Zweige wie blasse
Pfoten von Hühnern, Herr Krause.
Hier macht ohne Zweifel wer Pause.
Stumm tropft's von den letzten
vergilbten, zerfetzten
Blättern – fünf großen, drei kleinen.
Und nirgendwo was mit sechs Beinen.
Nur Vögel! – Sie halten
die Schnäbel und falten
die Flügel, die kleinen Säcke.
Still ruhen die Eierstöcke.

Still ruht auch die Linde.
Nunmehr ist im Winde
statt lieblichen Federviehchören
nur Autogebrüll zu hören.
Kein Grün, keine Nester,
nur eine Silvester-
rakete liegt unten im Kübel.
Still ruht die Narzissenzwiebel.
Das ruht alles friedlich.
Das wartet gemütlich
in Bäuchen, Schläuchen und Zweigen
auf's Keimen, Platzen und Geigen
und hat nicht wie Sie da
und Du (und auch Frieda
und Paul) diese pausenlose
Unruhe in der Hose!

Hinweis

Der Mensch ist vermutlich das einzige Lebewesen auf der großen Erde, das sich selber lobt. Dafür sollte man ihn nicht dauernd tadeln!

In eigener Sache

Der Audor ist froh, daß er einen Ferlag hat, gut, gut! Aber der Ferlag sollte noch viel froher sein, daß er einen Audor hat, denn, werte Ferlagsangehörige und Scheffs, seine Pücher ferlegen kann der Audor zur Not auch selber! Ich suche beispielsweise schon seit drei Stunden meinen Tuten!

Mitteilung Nr. 1038

Es gibt Tage, da freut man sich schon beim Aufstehen auf das Schlafengehen, pfui Deibel!

Frohmachendes

Manchmal begegnet man auf seinem Lebensweg einem bedeutenden Menschen von Rang, Würde und Einfluß, bei dessen Äußerungen einen sogleich die wohlige Gewißheit ergreift, daß dieser bedeutende Mensch von Rang, Würde und Einfluß noch blöder als man selber ist. Dies sind Augenblicke, wo das Leben zu lächeln beginnt.

Mitteilung Nr. 77689

Am Mittwochabend hat die Sprecherin in den Abendnachrichten das Wort „Glatteisgefahr" so glücklich ausgesprochen, daß ich in der folgenden Nacht mehrmals aufgewacht bin, weil ich mich so auf die Glatteisgefahr gefreut habe.

Anmerkung

In der Straßenbahn ist es mir lieber, wenn meine Uhr steht und nicht ich.

Achtung, Gleichberechtigte!

Man mag über vieles, was zwischen den Geschlechtern geschieht, streiten können, werte Leserinnen: DER FAUST ist aber ganz sicher größer als DIE FAUST!

Bescheidene Frage

Wann und wo ist es eigentlich beschlossen worden (und von wem vor allem!), daß der Apfel nun gerade Apfel heißt und nicht beispielsweise Zisterzienserkloster oder Karl-Wilhelm-Wüllner?

Wenn's eine Welt der Besten gäbe, die beste Welt wäre das ganz sicher nicht!

Richtigstellung

Die in gewissen Kreisen (man weiß schon, wer damit gemeint ist!) geäußerte Behauptung, die Werke Goethes hätte ein gewisser Edmund Nickel aus Zeulenroda geschrieben, Goethe selbst habe nur als seine Schwester existiert, sei aber von einem völlig unbekannten Menschen (angeblich dem Herrenschneider Haberkamp aus Burg bei Magdeburg) dargestellt worden, damit die ehrgeizigen Deutschen einen Nationaldichter haben, der nicht Edmund Nickel heißt und aus Zeulenroda stammt, trifft nicht zu: Goethe war er selber!

Entwicklung

Meier ist immer unbewußt Mittelmaß gewesen. „Er muß sich entwickeln, entwickeln!" haben sie gerufen. Da hat sich Meier entwickelt, über Jahre! Nun ist er bewußt Mittelmaß!

Erläuterung

Natürlich schreibt der bekannte Tageszeitungskolumnist Mählkopf, wie seine Leser sagen, manchmal einen ganz schönen Bockmist, aber die Leser des bekannten Tageszeitungskolumnisten Mählkopf, wie der Tageszeitungskolumnist Mählkopf sagt, lesen manchmal auch einen ganz schönen Bockmist!

Erwartung

Dezember ist's nun bald.
Die Tiere stehn im Wald
herum, mal so, mal so,
und fern, von irgendwo,
schleppt stille huckepack
der Herbst, der alte Sack,
den Winter in die Welt.
Advent von ferne schellt!
Er naht im Rosenkohl,
macht Männchen da, jawohl,
und spitzt die Löffel froh,
denn langsam wird's nun so,
als ob's nun langsam würd'.
Advent hat angeschirrt,
vorausgesetzt, daß er
es ist und nicht gar der
Frau Piesterich ihr Fred,
der sich besaufen geht.
Das wäre peinlich, prost!
Vielleicht ist's auch der Ost-
der Osterhase, was?
Auf jeden Fall ist das
nicht sicher, doch er naht,
wie schon gesagt, gerad'

im Rosenkohle dort
und lächelt, auf mein Wort,
begeistert, aber blaß.
Das ist doch schon mal was
und zaubert in's Gesicht
Erwartung. – Oder nicht?

Betrifft: St. Günthermann (Erfinder)

Nachdem die Freizeithose mit eingebauter Digitalanzeige, die der bekannte Erfinder St. Günthermann im vergangenen Jahr dem Modeschöpfer Lagerfeld angeboten hatte, von diesem nicht zur Kenntnis genommen wurde, züchtete der bekannte Erfinder St. Günthermann im vergangenen Quartal eine grüne Gurke, die nicht nur alle Eigenschaften eines perfekten Apfels mit Kerngehäuse und Stiel hat, sondern auch wie ein perfekter Apfel mit Kerngehäuse und Stiel aussieht, wie ein perfekter Apfel mit Kerngehäuse und Stiel schmeckt und – man höre und staune! – auch noch an richtigen Apfelbäumen wächst: eine perfekte Neuzüchtung, das hat Herr Lagerfeld davon!

Ich will zugeben, daß viele Menschen die Verzweiflung zum Saufen treibt – viele aber auch der Alkohol!

Wenn ...

Wenn die Zeit, sagen wir mal, morgens um sechs, wo wir uns immer so beeilen müssen, für, sagen wir mal, sieben Stunden stehenbleiben würde, müßten wir uns nicht mehr so beeilen, sondern hätten noch sieben Stunden Zeit. Wir könnten ausschlafen, uns in aller Ruhe waschen, noch ruhiger frühstücken, die Zeitung lesen, Radio hören, uns über das Frühstücksfernsehen ärgern, Fritzchens Schularbeiten machen, uns mit der Frau streiten, etwas im Haushalt herumpusseln, eventuell sogar die Küche malern und noch einigen anderen beruhigenden Tätigkeiten nachgehen, ohne dabei älter zu werden oder irgendetwas zu verpassen, denn die Zeit würde ja stehen. Nach sieben glücklichen Stunden aber würden wir dann genau morgens um sechs, wo die Zeit weiter geht, beschwingt die Wohnung verlassen, ohne daß wir uns hätten beeilen müssen. Aber wie ich uns kenne, würden wir Rindviecher wohl dann erst morgens gegen sechs ins Bett gehen, während der stehengebliebenen Zeit sechseinhalb Stunden schlafen und uns dann wie die Irren beeilen müssen, damit wir rechtzeitig um sechs aus der Wohnung kommen! Warum sollte dann die Zeit morgens um sechs für sieben Stunden stehenbleiben? Das sieht sie ja gar nicht ein!

Wie's der liebe Gott macht, so ist's richtig gemacht, er muß es eben nur richtig machen!

Ein Kämpfer für die Wahrheit

„Kuhlmeier – ?" rief Warpotzki verächtlich in die Kneipe hinein. „Kuhlmeier war doch in seinem Leben nur in der Kneipe ein Kämpfer für die Wahrheit!" – „Ja, Helmuth, du olle Pflaume", erwiderte mein Freund Karl Hellermann sofort, „dies stimmt freilich! Aber wenn man bedenkt, wie oft Kuhlmeier in seinem Leben in der Kneipe gesessen hat, dann muß man nun aber doch wirklich sagen, daß er den allergrößten Teil seines Lebens damit verbracht hat, ein Kämpfer für die Wahrheit zu sein!" Dem stimmten wir alle ohne Vorbehalte bei und prosteten Kuhlmeier, als er von der Toilette zurückkam, voller Respekt zu.

Aphoristisches

Stundenlang sitzt der Aphoristiker am Schreibtisch und stiert mit aufgerissenen, verzweifelten Augen vor sich hin. Plötzlich klatscht sich der Aphoristiker die Hand vor die Stirn. Hierauf sitzt der Aphoristiker wieder stundenlang am Schreibtisch und stiert mit aufgerissenen, verzweifelten Augen vor sich hin. Bis er sich erneut die Hand vor die Stirn klatscht. Das Klatschen sind die Aphorismen!

Brav festgestellt

Wenn man keinen Erfolg hat und trotzdem nicht an sich zweifelt, bleibt einem nur noch übrig, an den anderen zu zweifeln!

Stilles Abendgedicht

– mit weihnachtlichen Elementen –

Die Nebelhörner
von den Schiffen tuten.
So spricht das Leben,
und so spricht's auch nicht.
Da steht man nun
mit heißem Kopf, ihr Guten,
und kaltem Schniepelhahn
im Sternenlicht.
Es reift schon rauh, es
rauht der Reif schon fleißig.
Nun kommt der Winter,
dieser krumme Hund.
Mein Gott, wär ich
noch einmal sechsunddreißig,
wär ich neun Kilo
leichter und gesund!
Die Schiffe tuten
mit den Schiffssirenen.
Ich tute nicht,
ich hör es mir nur an.
Die Schiffe tuten, huh,
die Schiffe weenen,
und's Kindchen kichert,

denn der Weihnachtsmann,
der alte Knilch,
vor dem wir still erröten,
stampft durchs Revier:
Gebt Obacht, he, aufs Geld!
Die Schiffe tuten
mit den Nebelflöten.
Es geht ein Tuten durch
die bleiche Welt.
Noch tutet es,
die Zeit wird trotzdem älter,
und Rauhreif steigt
in Hosenbein und Rock.
Ich gehe jetzt,
weil's plötzlich immer kälter
wird, heim und mach
mir einen heißen Grog!

Tragisches

Seit Jahrzehnten schon denkt Egon Streber in seiner Freizeit darüber nach, was das Leben eigentlich ist. Im Sessel tut er das, bequem ausgestreckt, die Füße hochgebockt, den Mund halb offen, die Augen geschlossen – alles gelockert, entspannt und gelöst bis zum Hosenbund hin, damit der Sauerstoff sich ergieße, sagt er. Aber kaum, sagt er, hat er sich unter unsäglichen Mühen in diese Denklage hineinmanövriert, da kommt auch schon seine Frau: „Egoon, du mußt die Türschlösser öln!" oder: „Egoon, guck ma den Gasdurchlauförhitzer nach, der zindet ni!" und: „Egoon, dä Kleiderschranktür klämmt!" – Kaum sitzt er bequem, sagt Streber, um darüber nachzudenken, was das Leben ist, da kommt seine Frau mit ihrem penetranten „Egoon" und ihren tausend Wünschen und treibt ihn hoch. Seit dreißig Jahren tut sie das, sagt Egon Streber, und darum weiß er heute noch nicht, sagt er, was das Leben eigentlich ist, denn dieses dauernde „Egoon" und das Hochtreiben könne es ja wohl nun doch nicht sein, oder?

Unterschiede

Fünf mal siebzigtausend Mark sind dreihundertfünfzigtausend Mark! Das steht fest. Glücklich ist diese herrliche Geldsumme aber trotzdem nicht. Mein herrliches Enkelkind steht überhaupt nicht fest, wackelt beim Stehen wie eine Leberwurst im Kopfstand, aber mein herrliches Enkelkind ist glücklich, ganz mächtig glücklich ist mein herrliches Enkelkind. Das sind so die Unterschiede zwischen dem vielgepriesenen Geld und einem kleinen, dicken Menschen!

Wußten Sie schon ...

..., daß es in Sachsen die Haustiere auch mit Klinke gibt?

Neues von St. Günthermann

St. Günthermann, der Erfinder, der schon seit Wochen an seinem „Schweigen-ist-Blech-Apparat" arbeitet, ist trotz dieser schwierigen Aufgaben äußerst aktiv auch auf anderem Gebiet gewesen. In aufopferungsvollen Nebenherversuchen gelang es ihm nämlich nach seinem Fiasko mit dem berüchtigten MARINIERTEN BRAUNKOHLENBRIKETT, das FEUERFESTE BRAUN-

KOHLENBRIKETT zu erfinden. „Ich komme", schrieb mir der Erfinder Mitte Dezember, „jetzt schon drei Wochen lang mit fünf Braunkohlenbriketts aus, obwohl draußen 12 Grad Minus herrschen. Ich brauche kein Geld mehr für Kohlen auszugeben, schone die Umwelt, spare Energie und mir den schweren Gang zum Keller, muß keine Asche mehr ins Müllhaus tragen, jegliche Dreckerei fällt weg: ein Idealzustand! So schrieb St. Günthermann und fuhr fort: „Einen kleinen Nachteil hat mein FEUERFESTES BRAUNKOHLENBRIKETT aber leider noch Kollege, und zwar: Ich kann mich nämlich nicht waschen, weil die Wasserleitung eingefroren ist!" Und dann setzte St. Günthermann noch in beinahe triumphierend großen Buchstaben hinzu: „Aber warte erst mal den Sommer ab, dann werden meine FEUERFESTEN BRAUNKOHLENBRIKETTS überhaupt keine Nachteile mehr haben!"

Das Leben ist nicht immer das, was man so denkt,
wenn man denkt, daß es das ist!

Mitteilung Nr. 90

Es ist wirklich erstaunlich, was einem so alles einfällt,
wenn man am Schreibtisch sitzt und keine Einfälle hat!

Ahnungsvolles

Ein Hund linst um die Ecke.
Dann ist er wieder weg.
Sechs Vögel in der Hecke,
die rühm sich nicht vom Fleck.
Stehn stille da und gucken
wie Vögel zu mir her.
Nur einer hat den Schlucken,
doch hat er ihn nicht sehr.
Die Stadt liegt da und schweiget.
Ich steh' und schweige auch.
Aus jedem Schornstein steiget
mal schwarz, mal weiß der Rauch.
Ich wollt', ich wäre jünger
und läg' im grünen Gras.
Die Äste drohn wie Finger.
Doch sieht das jetzt kein Aas.

Denn Mittag ist's: sie mampfen!
Das ist des Lebens Lauf.
Sieh an, die Vögel stampfen
mit ihren Füßen auf!
Der Hund linst um die Ecke,
als ob wer käm', jawohl.
Leis schlickt es aus der Hecke.
Stumm riecht's nach Sauerkohl.
Der Himmel hängt darüber,
gewaltig und allein.
Hörst du's, wie's schweigt, mein Lieber?
Ich glaube, gleich wird's schnein!

Werte Leser!

An dieser Stelle möchte ich mich für meine in die Öffentlichkeit gelangte Behauptung, daß die Brüder Grimm eigentlich die Schwestern Grimm waren, entschuldigen, denn es trifft natürlich nicht zu, weil es von mir nur als Sarkasmus meiner Frau gegenüber formuliert wurde, tut doch diese dauernd so, als wären alle großen Männer verkleidete Frauen, wo nicht mal ich eine verkleidete Frau bin!

Wunderland Mensch

– anläßlich des 250. Jahrestages der Einführung der 100teiligen Thermometerskala durch Celsius –

Das Weltall ist gewaltig groß! Und gegen dieses gewaltig große Weltall ist der Mensch winzig klein, na, sehnse! Eine Ameise im Atlantischen Ozean ist er sozusagen, der Mensch, ein Stecknadelloch in der Wüste Sahara, ein Pieps eben. Aber von wem wissen wir das wieder mal alles, Herr Pastor? Nun, nicht etwa, wie jetzt mancher vermuten könnte, von diesem, ach, so protzenhaft gewaltig großen Weltall wissen wir's – nein, das eben nicht, liebe Fußgänger, sondern wir wissen es von der Ameise im Atlantischen Ozean, vom Stecknadelloch in der Wüste Sahara, vom Pieps, dem so oft beschimpften kleinen Menschen, von dem wissen wir, daß das Weltall so gewaltig groß ist, der hat's festgestellt und nicht etwa das Weltall, obwohl es uns das ja freundlicherweise auch mal hätte mitteilen können, wo doch immer alles so schlau sein will, aber nein, wieder mal der Mensch mußte es machen, der kleine Sack. Da sieht man's wieder mal!

Empfehlung für den Ball

Angst vor Fettspritzern in der festlichen Kleidung müssen Sie überhaupt keine mehr haben, wenn Sie die festliche Kleidung schon vor dem Fest mit Fett bespritzen!

Kurz und großzügig

Es gibt Antipathien und Pathien! Es gibt sogar Landpathien!

Peinlich

Hätte Hartmut Klinger sich selber machen können, hätte er auch nichts weiter gemacht als sich selber. Mehr wäre diesem selbstzufriedenen Mond zu sich nicht eingefallen!

Erfolgserlebnis

Walter E. Müller, ein ziemlich eifersüchtiger Kerl, ist letztens beinahe verrückt geworden, als er merkte, daß seine Frau, die Ute, die mit ihm im selben Betrieb arbeitet, die Tochter von dem Schreinermeister Littmann aus der Jablonskistraße, der mit dem hohen Kopf, wenn Sie ihn kennen, er hat mir 1957 das große Bücherregal (reine Kiefer) fürs Wohnzimmer gebaut, ein sehr erfreuliches Regal, das noch heute existiert, wir haben es im Kämmerchen stehen für die alten Einweckgläser, die wir von Tante Grete geerbt haben, manche sind bis zu dreißig Jahren alt, mit eingeweckten Pflaumen, Erdbeeren, Himbeeren und so weiter, auch Birnen, zirka 200 Gläser, zuckersüß und immer noch picobello im Geschmack, eine Delikatesse aus alten Tagen eben noch, die man ja nicht wegwerfen kann –, also wegen dieser Ute jedenfalls ist Walter E. Müller letztens beinahe verrückt geworden, als er merkte, daß sie von einem bildschönen Mistkerl aus der Lackiererei umschwärmt wurde. Walter E. Müller hat sich gar nicht mehr zu helfen gewußt, so ein rasender Brand loderte in seiner Brust, wenn er sich den bildschönen Lackierer vorstellte, diesen Lumpen, wie der seine Frau, die Ute, vielleicht gar zu betatschen versuchte. Seit letzten Mittwoch ist aber wieder alles im Gleichgewicht, da hat Walter E. Müller nämlich den Lackierer heimlich beobachtet und festgestellt, daß der arme Hund ganz schreckliche O-Beine hat, die ziemlich schrecklichsten O-Beine, die man sich bei einem Lackierer vorstellen kann! Es war ein wunderschönes Erfolgserlebnis für Walter E. Müller, obwohl, und das muß gerechterweise auch noch gesagt werden, ihn seitdem männliche O-Beine mit einem gewissen Mißtrauen erfüllen.

Von Fichten, Metern und Jahren

Eine Fichte, sagt man, braucht 100 Jahre, um 50 Meter zu werden. So werden 100 Jahre vermutlich auch 50 Meter brauchen, um eine Fichte zu werden. Demzufolge brauchen dann natürlich 50 Meter eine Fichte, um 100 Jahre zu werden. Und eine Fichte braucht infolgedessen 50 Meter, um 100 Jahre zu werden. Darum wird sich auch keiner wundern, wenn aus diesem Grunde 100 Jahre eine Fichte brauchen, um 50 Meter zu werden. So einfach ist das mit den Fichten und den Metern und den Jahren!

Mitteilung Nr. 50

Natürlich muß der Mensch fest zu seiner Meinung stehen, das muß er, und ich stehe auch fest zu meiner Meinung, selbst, wenn ich sie darum mehrmals am Tage ändern muß!

Männliche Entscheidung

Grüß dich Gott, Gevatter Winter,
alte, kalte Nulpe hinter
Neujahr, ei, verflixt, heididel!
Grüß dich Gott, du blasse Fiedel,
wo Lolita*, meine Süße,
kalte Ohren kriegt und Füße,
die wie Eis sind noch im Bette!
Grüß dich Gott, du Klarinette,
die der Frost nun wimmern läßt!
Fernes, frisches Osterfest,
Eiertante, wärst mir lieber
momentan, jedoch auch über-
morgen würdest du mir reichen.
Bunte Eier statt des bleichen
Schneemanns an mein Herze pressen
möchte ich und Kresse fressen,

* Pseudonym

wie die Kuh in hohen Halmen
helles Grün im Maul zermalmen!
Doch gestand mir gerade eben
die Frau Busse, die von neben
uns, ihr Berndchen würde mitten
in der Wohnung auf dem Schlitten,
den er neu hat, unbeirrt
warten, daß es Winter wird!
Dieses Faktum namens Busse
Berndchen führt mich zum Entschlusse,
was Sie hoffentlich begreifen,
erst mal auf den Lenz zu pfeifen
und gelassener zu sein.
Meine Güte, soll's doch schnein
wie am Rennsteig in den Bergen,
soll's wie bei den sieben Zwergen
schnein, schnein soll's wie bei Frau Holle,
soll's doch, soll es doch ganz tolle
schnein, na, soll's doch, meinetwegen,
soll's doch, ich hab nichts dagegen!

Wenn man die Menschen, die schwer arbeiten, nicht dabei sehen kann, sondern nur hören, klingt's oft wie Getue. Manchmal ist es aber auch Getue, sogar wenn man's sehen kann!

Trauriger Vierzeiler

„Als Dichter wär' Jörg ein Genie!"
sagt seine Mutter, Frau Zimmer,
doch Herr Zimmer, der knurrt dann immer:
„Der Junge dichtet nur nie!"

Geständnis

Mir ist es schon recht, wenn man mich ausführlich lobt, man darf's nur nicht mit irgendwelchen einschränkenden Bemerkungen kaputtmachen!

Tragisches

Ist es nicht tragisch, daß gerade ich, der ich so leidenschaftlich gern Grünkohl mit Schweinebauch futtere, daß gerade ich die Schweine so schrecklich gut leiden kann, aber auch den Anblick der kleinen, putzigen Grünkohlbäumchen in Mutters Garten, wenn der kalte Schnee treibt, nicht missen möchte? Bloß gut, daß man als Mensch ein wenig Phantasie hat und sich alles weiter lebendig vorstellen kann, nachdem man's verspachtelt hat, was?

Erfolgserlebnis

Seitdem der Dichter Maschner, der von Selbstzweifeln geplagt wurde, gelesen hat, daß Goethe und Thomas Mann auch von Selbstzweifeln geplagt wurden, wird der Dichter Maschner zwar immer noch von Selbstzweifeln geplagt, aber auf einem höheren Niveau, insofern sich der Dichter Maschner jetzt bei seinen Selbstzweifeln wie Goethe oder Thomas Mann (da hat er sich noch nicht ganz entschieden!) vorkommt.

Nasales

Schon mehrmals habe ich mir Gedanken darüber gemacht, ob es nicht besser wäre, wenn der Mensch mit der Nase denken würde. Erstens einmal hätte er dann den Kopf für wichtigere Dinge frei und drittens kann man sich besser auf die relativ kleine Nase als auf das große Gehirn konzentrieren, wozu noch positiv anzumerken wäre, daß die Nase als Denkapparat auch immer ausreichend frische Luft durch ihre beiden Löcher bekäme, denn das Gehirn hat meines Wissens überhaupt kein Loch nach außen, weshalb es ja auch so viele ungelüftete Gedanken gibt. Natürlich wären auch Gefahren mit einer Nase verbunden. Beim intensiven Nachdenken könnte der Mensch beispielsweise ins Schielen geraten. Auch ein Schnupfen wäre dem Denken abträglich, obwohl ja nun bewiesenermaßen viele Mitbürger genauso denken, als seien sie dauernd verschnupft. So schlimm würde das also nun auch wieder nicht sein. Selbst die erschütternden Gedanken, die beim Niesen entständen, würden wir verkraften, und keiner könnte sagen: „Überlaß das Denken den Pferden, die haben größere Köpfe!" Interessant wäre es jedenfalls, und das Gehirn könnte sich mal erholen, Pause machen, Ferien sozusagen, sich regenerieren, was es ja auch nötig hat, sich in der Sonne herumlümmeln oder ins Schwitzbad gehen, im Geiste, versteht sich. Natürlich, um zum Schluß zu kommen, müßten Motorradfahrer und andere Helmträger dann Nasenschutzhelme tragen – eine ulkige Bundeswehr wäre das im Manöver! In diesem Sinne: Gesundheit! Übrigens ist dieser Beitrag ein kleines Novum: Er wurde mit der Nase erdacht!

Entwicklungsgeschichtliches

Gleich nach dem Tertiär
gab's Dinosauriär.
Die fraßen wie Ve-
getarier meist Klee
und soffen Wassär,
pfui!

Drum gingen sie schon
vorm Perm und Karbon
dahin und kapott,
die Viecher, mein Gott,
das trifft einen schon,
au!

So geht's nun mal ähm,
genießt man im Lähm
nur Wassär und ve-
getarischen Klee.
Ich lernte aus däm,
hupp!

Betrifft wieder mal: St. Günthermann

Ein Auto, das überhaupt keinen Kraftstoff mehr benötigt und auch keinen schädlichen Auspuffqualm erzeugt, eine wahre Umweltperle, erfand St. Günthermann, der Erfinder, wie mir erst jetzt bei Abfassung dieses reizenden Werkes bekannt wurde, so ganz nebenbei schon vor Jahren: Es steht ohne Räder in seinem Garten und dient als Hühnerstall!

A. Leonhardi, der Erfinder der Alizarintinte, ist heute noch vielen Menschen bekannt oder zumindest kann man seinen Namen finden im Lexikon unter ALIZARINTINTE. Den Erfinder der sauren Gurken hingegen kennt kein Mensch und kein Lexikon. Das will einem ungerecht erscheinen, wenn man bedenkt, wie oft der Mensch saure Gurken ißt und wie selten er Alizarintinte trinkt.

Bedenkenswertes für den Nachwuchsautor

Je weniger man schreibt, lieber junger Freund weiblichen oder anderen Geschlechts, umso weniger kann man als Autor kritisiert werden. Der Autor, der gar nichts schreibt, kann überhaupt nicht mehr als Autor kritisiert werden, sondern er wird vielleicht sogar gelobt, weil er nichts mehr schreibt, was immer noch leichter zu ertragen ist als ein hundsgemeiner Verriß. Der erste Aphorismus, eine frühe Ballade oder die in lodernden Nächten heruntergehämmerte zeitkritische Novelette von 900 Seiten, wenn das von der Kritik zur Sau gemacht wird, dann kann man natürlich sofort beleidigt oder zu Tode gekränkt auf die geliebte Schreiberei verzichten, man kann auf die Poesie pfeifen und wieder in seinen Beruf als Hosenschneider oder Aushilfskellnerin zurückkehren. Man kann aber auch hohnlächelnd auf die Kritik pfeifen und weiterschreiben wie ein Verrückter, selbst, wenn man nach vielen Jahren bei einem eiskalten Wermut auf der Terrasse seines Landhauses, Heinzchen putzt gerade den weißen Mercedes und die Kinder plätschern im Swimmingpool, lesen muß, daß auch die verbesserte sechste Auflage unseres zweiunddreißigsten Romans ein geschwollener Käse ist! Das gebe ich all jenen Talenten zu bedenken, die die Flinte allzu früh ins Korn werfen möchten!

Feststellung

Städte und Dörfer werden bekanntlich vom Menschen geschaffen. Was sich die Städte und Dörfer dann vom Menschen dafür gefallen lassen müssen, das geht oft auf keine Kuhhaut!

Fälliger Lobgesang

Mein Gott, vor Wochen
drehten noch aus Spucke
die Spinnen Seilchen,
und nun wird's schon kalt.
Der Himmel spreizt
wie eine alte Glucke
den dicken Hintern,
und das Jahr ist alt.

Pawullkes Garten
baumelt mit den Ästen.
sogar die m i e s e n
Äpfel sind verkauft.
Der Garten gähnt.
Der Keller – mit dem besten
Obst vollgestopft – ist satt
und ächzt und schnauft.

O welch ein Duft
von Heu und Bienenwaben
aus diesem Keller steigt
und aufwärts schwebt!
Ist das nicht fein,
daß Menschen Nasen haben?
Daß Äpfel duften können?
Es belebt!

Ist das nicht groß,
ihr Greisinnen und Greise,
ihr Nasenträger,
Frau und Kind und Mann,
ist das nicht schön,
fällt euch im Kaufhaus leise
und wild und süß der Duft
von Äpfeln an?

Schiebt übern Puls
nun eure wollnen Müffchen
und blickt den Äpfeln
dankbar ins Gesicht!
Und küßt dem Dichter
unterm Krimmerschiffchen
die Nase für dies
freundliche Gedicht!

Einige Gedanken über Schultertaschen und Rucksäcke in öffentlichen Verkehrsmitteln oder bei Volksfesten

Mit Schultertaschen und Rucksäcken, von denen es bekanntlich die reinsten Reißbretter gibt, aber auch kanister-, sägefisch- und kofferartige, zementeimerähnliche, bombenförmige, walfischgroße, solche wie Schrotsägen, wie mit Schotter gefüllte Seesäcke und welche wie Tirolerhüte aus Blei oder stählerne Igel – mit diesen Schultertaschen und Rucksäcken ist in öffentlichen Verkehrsmitteln oder bei Volksfesten schwer auszukommen. Kaum hat nämlich der Schultertaschen- bzw. Rucksackträger das vollbesetzte öffentliche Verkehrsmittel oder das Volksfest betreten, versetzt er dir mit der Schultertasche oder dem Rucksack sofort so eins in die Drüsen, daß dir das Wasser aus den Augen bricht, denn der Mensch hat zwar ein Gefühl in der Brust, aber keins in der Schultertasche oder im Rucksack. Wenn du hierauf protestierst, beginnt sich der rücksichtsvolle Schultertaschen- oder Rucksackträger, um dich nicht noch einmal mit der Schultertasche oder dem Rucksack zu belästigen, mürrisch oder eifrig, in jedem Fall aber mühevoll von dir weg und um sich selber zu drehen, wobei er natürlich auch andere Fahr- oder Volksfestgäste mit seiner Schultertasche oder dem Rucksack knufft. Trägt nun aber auch einer dieser anderen geknufften Fahr- oder Volksfestgäste eine Schultertasche oder einen Rucksack, beginnt dieser Fahr- oder Volksfestgast selbstverständlich ebenfalls, um der Schultertasche oder dem Rucksack des Knuffers auszuweichen, sich von diesem weg und um sich selber zu drehen, wobei nun auch er, außer dem sich mit seiner Schultertasche oder dem Rucksack um sich selber drehenden und die anderen Fahr- oder Volksfestgäste knuffenden Schultertaschen- oder Rucksackträger, andere und bisher an diesem Geschehen noch nicht beteiligte Personen mit seiner Schultertasche oder dem Rucksack zu knuffen beginnt. Inmitten einer solchen unerhörten Knufferei wird einem natürlich sofort klar, daß sich jeder Fahrgast oder Volksfestbesucher so schnell wie möglich eine Schultertasche oder einen Rucksack, möglichst groß und scharfkantig, anschaffen sollte!

Empfehlung

Das beste ist natürlich, erst mal nicht an den lieben Gott zu glauben, weil man dann vielleicht nach dem bedauerlichen Dahinscheiden eine angenehme Überraschung vor sich hat!

Von unseren Vorfahren

Erst 1543 wurde durch Kopernikus das kopernikanische Weltsystem, in dem wir heute noch leben, publiziert. Vorher lebten unsere Vorfahren in einem ganz anderen Weltsystem, wo beispielsweise die Sonne um die Erde kreiste, was manche heute noch annehmen. Im Altertum lebten unsere Vorfahren sogar auf einer Scheibe, von der man herunterfallen und hinuntergucken konnte, wie es auf alten Stichen zu sehen ist. Und da muß man doch einmal sagen: Wer so viele Weltsysteme ausgehalten hat wie unsere Vorfahren und trotz der vielen Infektionskrankheiten sogar auf einer Scheibe leben und das auch noch überleben konnte, auf den sollten wir mächtig stolz sein, auch, wenn er vielleicht nur Müller oder Meier hieß und nicht von Adel war, obwohl wir Leute von heute auch nicht ganz ohne sind, denn immerhin haben wir den Butterstreuselkuchen und das Winchestergewehr erfunden!

Bloß gut, daß das Nasenbein kein Knie hat, sonst würden manche Menschen ihre Nase noch mehr hängen lassen!

Neues von St. Günthermann

Nach erfolgreichen Versuchen mit der drahtlosen Übertragung von Heizöl und der Niederschrift mehrerer Beiträge für das Bildungsfernsehen, darunter die Titel „Mein Leben als Straßenverkehr", „Im Handstand durch Australien" und die zur Vertonung vorgesehene Arbeit „Der Mensch, ein Tortenheber?", hat St. Günthermann, der Erfinder, sich wieder dem reinen Erfinden zugewandt und auch prompt (schon fürs kommende Fest!) nach dem aufblasbaren Fernsehapparat und der aufblasbaren Leberwurst (aufgeblasene Menschen seien schon genug vorhanden!) den AUFBLASBAREN WEIHNACHTSBAUM erfunden. Da der chemisch hergestellte Baum auch eine luftreinigende Wirkung hat und nach echtem Wald duftet, denkt St. Günthermann bereits auch an die Herstellung von aufblasbaren Birken, Eichen, Fichten, Lärchen, Buchen, Eschen und so weiter (wahrscheinlich sind auch aufblasbares Gras, aufblasbare Pilze, aufblasbare Schrottautos möglich!), was natürlich, wie der Erfinder sagt, einen erhöhten CO_2-Ausstoß durch die dafür vorgesehenen Herstellungsanlagen und das weitere Absterben echter Bäume zur Folge hätte, die aber dann bequem durch seine störunanfälligen aufblasbaren Wälder mit echtem Waldgeruch ersetzt werden könnten.

Mitteilung Nr. 27839

Eingesehen habe ich schon viel in meinem Leben. Ausgesehen aber auch!

Wunderliches

Heute, in der Mittagspause, kommt Frau Gruber an und erzählt mir, ihrem Mann hätte ein Arbeitskollege erzählt, daß ihm seine Frau erzählt habe, ich hätte einem Mitarbeiter von der Frau des Arbeitskollegen, der das ihrem Mann erzählt hat, erzählt, daß Frau Gruber mir erzählt hätte, ihr habe ihr Mann erzählt, daß ich einem Mitarbeiter der Frau seines Arbeitskollegen erzählt hätte, daß mir Frau Gruber heute in der Mittagspause ganz bestimmt erzählen würde, was sie mir gerade jetzt erzählt hätte! Ist das nicht wunderlich? Frau Gruber ist auch erstaunt und erzählt's jedem!

Beneidenswert

Seht den Knaben
auf dem Topfe,
wie er drückt und
drückt und drückt
und nicht zappelt
mit dem Kopfe,
sondern still ins
Weite blickt.
Denkt vielleicht
an ferne Inseln,
wo auf einem
Tiere er
reitet unter
Palmenpinseln
und ringsum schwimmt
blau das Meer.
Denkt vielleicht
auch mit Behagen,
daß, wenn er sein
Ei gelegt,
alle „Lieber
Junge!" sagen
und die Standuhr
Beifall schlägt.

Denkt und drückt
in ernster Wonne,
und sein junger
Dickdarm strahlt,
währenddessen
ihm die Sonne
Kringel vor die
Füße malt.
Gelbe Kringel,
warm und friedlich,
die ihn streicheln
dann und wann.
Selig, wer noch
so gemütlich
auf dem Topfe
sitzen kann!

Erfinderlos

Als ich vor zwei Monaten wegen eines gebrochenen Daumens krank machen mußte, habe ich immerzu auf dem Sofa gelegen und unentwegt meine Fingernägel betrachtet, und da ich ein sehr kreativer Mensch bin, erfand ich nach mehrwöchigem Betrachten meiner Fingernägel urplötzlich den Nagelreiniger. Das brach wie ein Vulkan aus mir heraus! Leider aber mußte ich, als ich der Familie mit Tränen des Glücks im Auge von meiner Erfindung berichtete, von meiner fühllosen Frau erfahren, daß solch ein Instrument bereits existiert! Meine Söhne kannten es zwar auch nicht, aber meine Frau hat's uns vorgeführt. Nun ja, Erfinderlos! Bitter kann es trotzdem machen!

Ein Elefant im Porzellanladen wirft heutzutage weniger Probleme auf als ein Porzellanladen im Elefanten.

Hinweis für Freunde der Weltliteratur

Wenn Sie glauben, liebe Freunde der Weltliteratur, diese Zeilen oder die BUDDENBROOKS oder der FAUST oder aber auch der ULYSSES schrieben sich einfach so weg, indem man sich an den Schreibtisch, an den Computer oder ans Schreibpult setzt oder stellt, sich gewaltig im Haar herumwühlt und räuspert und dann zu schreiben anfängt, dann irren Sie sich mächtig, weil man nämlich, wie ich aus eigener Erfahrung weiß, vor allem Papier und, falls der Computer fehlt, einen Kugelschreiber bzw. einen Bleistift oder Füllfederhalter dazu benötigt, so ist das nämlich!

Aus dem häuslichen Leben

Gerade jetzt im Winter (nehmen wir bitte an, es ist jetzt Winter!) möchte unsere dicke Katze, die olle Zimtzicke, um auf die Autos, die sie vermutlich für Mäuse hält, hinunterzugucken und zu schnurren und sich hin und wieder vor Behagen auf den kalten Steinen zu wälzen, dauernd auf den eiskalten Balkon hinaus. Natürlich bei offener Balkontür, damit sie schnell ausreißen kann, denn sie fürchtet sich sogar vor den himmlischen Wolkenschatten und der kleinsten Fehlzündung. Wenn es mir dann zu eisig im Zimmer wird und ich die

Balkontür zumache, bekommt unsere dicke Katze so mutterseelenallein auf dem Balkon da draußen eine Heidenangst und miaut so gottserbärmlich los, daß Autos und Menschen unten überrascht stehenbleiben. Dann öffne ich die Balkontür und laß unsere dicke Katze wieder herein, worauf das Theater von vorn beginnt, das heißt: Unsere dicke Katze möchte erneut auf den eisigen Balkon hinaus, um auf die vielen Autos, die sie vermutlich für Mäuse hält, hinunterzugucken und zu schnurren und sich hin und wieder vor Behagen auf den kalten Steinen zu wälzen. Leider aber eben NUR BEI OFFENER BALKONTÜR! Im Winter bin ich dauernd erkältet, ich gesteh's!

Zeitkritisches

Wie kann sich der Mensch heutzutage noch von einem Auto überfahren lassen, wo es doch soviel wichtigere Probleme gibt!

Vorschlag

Schon lange, meine gebildeten Leser, kommen mir die althergebrachten Vornamen abgenützt, müdemachend, ausgefranst, einfallslos, demütigend, erbärmlich oder, mit einem Wort, v e r a l t e t vor. Der Mund wird schlaff beim Aussprechen, verliert seine Fasson, und Hängemäuler sind die Folge. Bei B-Ä-R-B-E-L zum Beispiel. Da bläbbt doch alles! Wie schön wird der Mund hingegen bei Schärbel! Warum also sollten wir die gewohnten, langweiligen Vornamen nicht einmal mit anderen Anfangsbuchstaben versehen? Statt Gustav Mustav, wie? Statt Hubert Bubert, was? Statt Benno Tenno! Und statt Fritz Britz. Ludmilla könnte man zu Pudmilla machen und Axel zu Ixel. Und Klaus wird Flaus. Merken Sie was, gebildeter Leser? – Sogleich nämlich zeigt uns das Leben im Vornamenbereich ein fröhliches Gesicht und reicht uns die Hand. Sollten wir darum nicht sofort den alten Knut in den jungen Schnut verwandeln?

Aus der Welt der Wissenschaft

Wußten Sie schon, daß die südamerikanische Albatroszwerchglitte so klein ist, daß sie noch nicht einmal entdeckt werden konnte?

Wenn Sauerkraut einen Vornamen hat, dann ist es ein Mensch!

Bereifter Zwanzigzeiler

Hört ihr die Trompete peten?
Hört ihr Lillis Kessel flöten?
Läben, Läben, Läben!
Wildsau grunzt im Wald bei Bautzen,
und aus schwarzen Schornsteinschnauzen
schwäben, schwäben, schwäben
kalte Muffchen, meine Güte,
denn des Veilchens blaue Blüte
küßt noch keine Nase.
Laßt uns das mal sagen dürfen
und den Tee mit Kognak schlürfen.
Blas, Trompeter, blase!
Blas, Trompeter! – Fein, mein Junge!
Horcht, wie er die Kraft der Lunge
in das Buntblech pustet!
Seht, wie tief die Wolken hängen!
Lauscht den wilden Saugesängen!
Winter ist's – nun hustet!

In eigener Sache

Zwar bilden wir Menschen uns den Tieren gegenüber eine Menge ein, aber beispielsweise schnell mal bei uns vorn um die Ecke fliegen und im Penny-Markt ein Kilo Eiergräupchen holen, das können wir Menschen nicht. Doch die meisten Tiere – da wollen wir uns nichts vormachen, Gevatter Karpfen! – können das eben

auch nicht, wozu noch festzustellen wäre, daß ein des Fliegens mächtiger Spatz, den wir nach einem Kilo Eiergräupchen schicken, uns auch nicht die Gewähr dafür gibt, daß wir das Kilo Eiergräupchen bekommen, denn erstens wäre es möglich, daß der Spatz die Eiergräupchen selber verspachtelt, oder er ist ein ehrlicher Spatz, bekommt aber die Eiergräupchen nicht vom Boden hoch (da müßte das Kilo Eiergräupchen schon auch noch selber Flügel haben!). Infolgedessen bliebe eigentlich nur noch das Fliegen als das herausragend Tierische, was wir Menschen aber auch schon zu meistern beginnen, indem wir von unserer Arbeitsstelle fliegen, und zwar in Scharen! Wir scheinen also irgendwie doch einen Grund zu haben, uns den Tieren gegenüber eine Menge einzubilden, wobei noch zu beachten wäre, daß wir neben unserer Begabung, manchmal lachen zu können, auch noch das große und das kleine Einmaleins beherrschen, so einigermaßen jedenfalls, das sollen uns die ollen Blattläuse oder Regenwürmer erst mal nachmachen!

Erschütterndes

Nicht nur unser Leben ist nach einer gewissen Zeit alle, sogar unser Flaschenbier ist es!

Rätselhaft!

Meine Frau kauft zwar ziemlich viele Sachen ein, die wir gar nicht benötigen, aber sie kauft das Zeug eben auch zu so herabgesetzten Preisen ein, daß man glatt aus dem Sattel gehauen wird und sich kaputtlacht, weil sie so viel Geld einspart damit. Gestern beispielsweise hat sie mir fünf verbilligte lange Baumwollunterhosen in Lila gekauft. Ich trage zwar keine langen Baumwollunterhosen in Lila, aber der Preis pro Hose war so stark herabgesetzt (um 3 DM!), daß meine Frau allein bei diesen fünf Paar langen Baumwollunterhosen in Lila 15 DM eingespart hat, zum Kaputtlachen! Im letzten Monat sparte meine Frau auf diese Art 145 DM ein! Wenn sie mit dem so eingesparten Geld, sagt meine Frau, wieder einkaufen ginge, würde sie bei herabgesetzten Preisen dann sogar das Doppelte einsparen, wenn nicht gar das Drei- oder Vierfache, so daß wir bei einer Steigerung der Sache vielleicht sogar davon leben könnten, zum Kaputtlachen, wie?

Trauriges

Große Männer, hört man, sind oft traurig. Das ist traurig! Aber noch trauriger ist es, wenn man oft traurig und kein großer Mann ist!

Hoch!

„Wo fängt das neue Jahr an?" stammelt der ängstliche Mensch in die Welt hinaus. „Etwa im Erzgebirge?" – „Oder in Belzow über Anklam?" – Nun, Mitbürger, Sie werden überrascht sein, aber das neue Jahr fängt tatsächlich dort an, wenn auch im Erzgebirge etwas höher als in Belzow über Anklam, was man mit dem Menschen vergleichen kann, der ja auch höher anfängt, wenn er auf der Fußbank oder auf Papas Schultern steht. Wenn der Mensch auf dem Mount Everest steht, fängt er natürlich noch höher an, bekommt aber weniger Luft dabei, woraus ersichtlich wird, daß es gar nicht gut ist, wenn man gleich zu hoch oben anfängt, weil man als Mensch eigentlich immer unten anfangen sollte. In diesem Sinne: HOCH!

Herzliches

Für mich ist der ganze Winter ein einziger Vorfrühling!

Aus der Frühstückspause

Als die Kollegen in der Frühstückspause über die düstere Jahreszeit zu klagen begannen und daß das gute, neue Auto ohne Garage bei dem ollen, fiesen Dreckwetter total verelende und, obwohl sie es noch auf die solide altdeutsche Art mit eigener Menschenhand pflegten, früher oder später zu keimen anfange, einen Bläschenausschlag bekomme und bemooste Stellen, schlug Harald vor, nachdem sein Vorschlag, den Wagen doch immer wieder mal zwecks besseren Aussehens zu tapezieren, verworfen worden war, daß jene Kollegen, welche keine Garage besäßen und sich über ihr verdrecktes gutes, neues Auto ärgern würden, in ihrem Garten oder auf Omas Grundstück draußen ein rechteckiges Loch in der Größe des guten, neuen Autos graben sollten. „Dann den Wagen reinschieben", schlug Harald vor, „und leicht abdecken – später entfällt auch das Putzen, dann könnt ihr zuschaufeln und das gute, neue Auto abmelden!" Seltsamerweise wurde Haralds Vorschlag von den Kollegen mürrisch abgelehnt.

Mitteilung Nr. 1

Überaus glücklich bin ich über jedes ausführliche Lob, das man mir entgegenbringt. Dafür nehme ich auch gern in Kauf, wenn's gelogen ist!

Hübsche Vorstellung

Als Junge beim Holzhacken war es eine hübsche Vorstellung für mich, ein Erwachsener zu sein, der am Schreibtisch sitzt und sich was einfallen läßt, was die Leute dann lesen. Heute, als Erwachsener, der am Schreibtisch sitzt und sich was einfallen läßt, was die Leute dann lesen, ist es eine noch hübschere Vorstellung für mich, ein Junge beim Holzhacken zu sein, der sich vorstellt, ein Erwachsener zu sein, der am Schreibtisch sitzt und sich was einfallen läßt, was die Leute dann lesen.

Aufforderung zum guten Schwimmtier mit vier Buchstaben

Nun sollte man doch immerhin,
auch, wenn es leider doch
so war, insoweit es darin
viel später, aber noch
nicht höher, sondern schneller und
hinwiederum auch, wenn
es, falls es sich hierbei aufgrund
des Fakts erwiese, denn
wenn es so ist, dann könnte das,
wenn's bliebe, wie es war
beziehungsweise auch, als was
es schiene, denn sogar,
insoweit es, weil wenig drin
bezüglich dessen, wie
in etwa, so doch immerhin,
gesetzt den Fall, daß die
nicht oder auch und immer als
Besagtes, denn wer kann's
genauso oder jedenfalls,
und darum sollte man's!

Konzeptiler Entschluß

Die aktuelle Okkupation des individuellen Maximums ist derzeit im Hinblick auf deren irreparable Parameter und den objektiven Stand differenzierender Systeme aufgrund der frigiden Anomalien fluoreszierender Populationen von so einer depressiven Larmoyanz, daß ich jetzt einfach alles hinschmeiße und mir im Fernsehen Dick und Doof angucke!

Jetzt kommen mir keine Gedanken mehr. Das gibt mir zu denken!

ISBN 3-359-00735-2

© 1994 Eulenspiegel · Das Neue Berlin
Verlagsgesellschaft mbH, Pf 106, 10103 Berlin
Satz: Pencil. Text-, Satz-, Korrekturbüro
Druck und Bindung: Chemnitzer Verlag und Druck GmbH,
Werk Zwickau